# パリ16区
# 美しく生きる人の
# 12か月

家名田馨子
Kyoko Yanada

# まえがき

夏のヴァカンスが終わり、熱い「太陽の時間」の余韻をまといながら、パリのシャルル・ド・ゴール空港に降り立ち、クルマで一路、十六区のわが家に向かうとき――。エッフェル塔が、遠景ながらその美しい姿を見せはじめると、「ああ、パリに戻ってきたんだなぁ」という実感と、いいようのない熱いパワーがこみ上げてきます。

大渋滞のペリフェリック(環状高速道路)からようやく逃れ、いよいよ、ポルト・ド・ラ・ミュエットのインターチェンジを出て、ブーローニュの森の入り口を右手に見ながら、大きく左折。このあたりから、オスマン様式の、瀟洒な石造りのアパルトマンが建ち並ぶ、十六区のなかでも、極めてシックな街並みに入っていくのです。

緑あふれる、美しいラヌラグ公園の華やぎに迎えられ、一路、パッシー通りに向かって進みながら、私も心のギアを上げていきます。すると即座に、辺りに住まう人々のエレガントな日常風景や、年を重ねるほどに洗練と輝きを増す、魅惑的な女性たちの美しいたたずまいが、一直線に目に映り込んでくるのです。

パリの人々が愛してやまない、緑のランドスケープ。いつでも、どこにいても、その「背景」に映えるような日常着に身を包み、心地よさそうに犬の散歩をするパリジェンヌたち。アパルトマンの朝のバルコニーには、朝食のために設えられたテーブルに真っ白なクロスを広げ、瑞々《みずみず》しい花を一輪飾って、これから始まる日常時間の演出に余念のない、シックなマダムたちの立ち姿もあります。

快適なドライブを続けて、そろそろパッシー通りの入り口が見えてくると、老舗カフェ「ラ・ロトンド」のテラス席でカフェやアペリティフを楽しみ、おしゃべりに興じる住人たちの鈴なりに揺れる様子が、少し遠くからでも輝いて見えてくるのです。

「さぁ、彼らとの生活が、始まる！」

世界のどんな素敵な街に出かけても、パリに戻った瞬間、私の美の方程式は、瞬時にパリスタイルに――。同時にそれは、人生の一瞬一瞬を美しく、マックスに輝かせようとするパリ十六区の人々の生き方を、改めて愛おしく感じる瞬間でもあります。こんなカレイドスコープのような日常のどんなシーンをとらえてみても、まるで季節の風景画が、美しい映画の一場面のように、緑と街と人が互いに溶け合うように調和し、目に映る景色全体がなんとも美しいのが、「パリ」という街なのです。

そもそもパリは、セーヌ河を挟んで、右岸〈Rive droite〉と左岸〈Rive gauche〉に分けられ、歴史的に、右岸には富裕なブルジョワ階層が、左岸には知的階層が好んで住まうという、伝統的なステレオタイプがあります。そのため右岸には、瀟洒《しょうしゃ》な貴族の館や天井の高い大きめのアパルトマンが、左岸には比較的中規模の物件が多く、やや対照的な雰囲気を醸し出しています。

　パリは、シテ島を中心に、時計まわりにエリアを区切りながら番号が振られ、それぞれ独特のキャラクターをもつ、二十の「区」（アロンディスモン〈Arrondissement〉）から成り立ちます。

　パリ十六区は、セーヌ右岸にあって、パリ市内の西の部分に位置する比較的広い区。歴史的には富裕な人々が好んで集まり、オスマン侯爵時代からの瀟洒なアパルトマンが立ち並ぶ、いわばパリきっての高級住宅街のひとつです。パリの中でも治安がよいとされ、歴史的にも、時代の先端で美や夢を追い求めてやってくる美意識の持ち主や、世界の歴代のセレブリティーなども好んで住まうエリアで

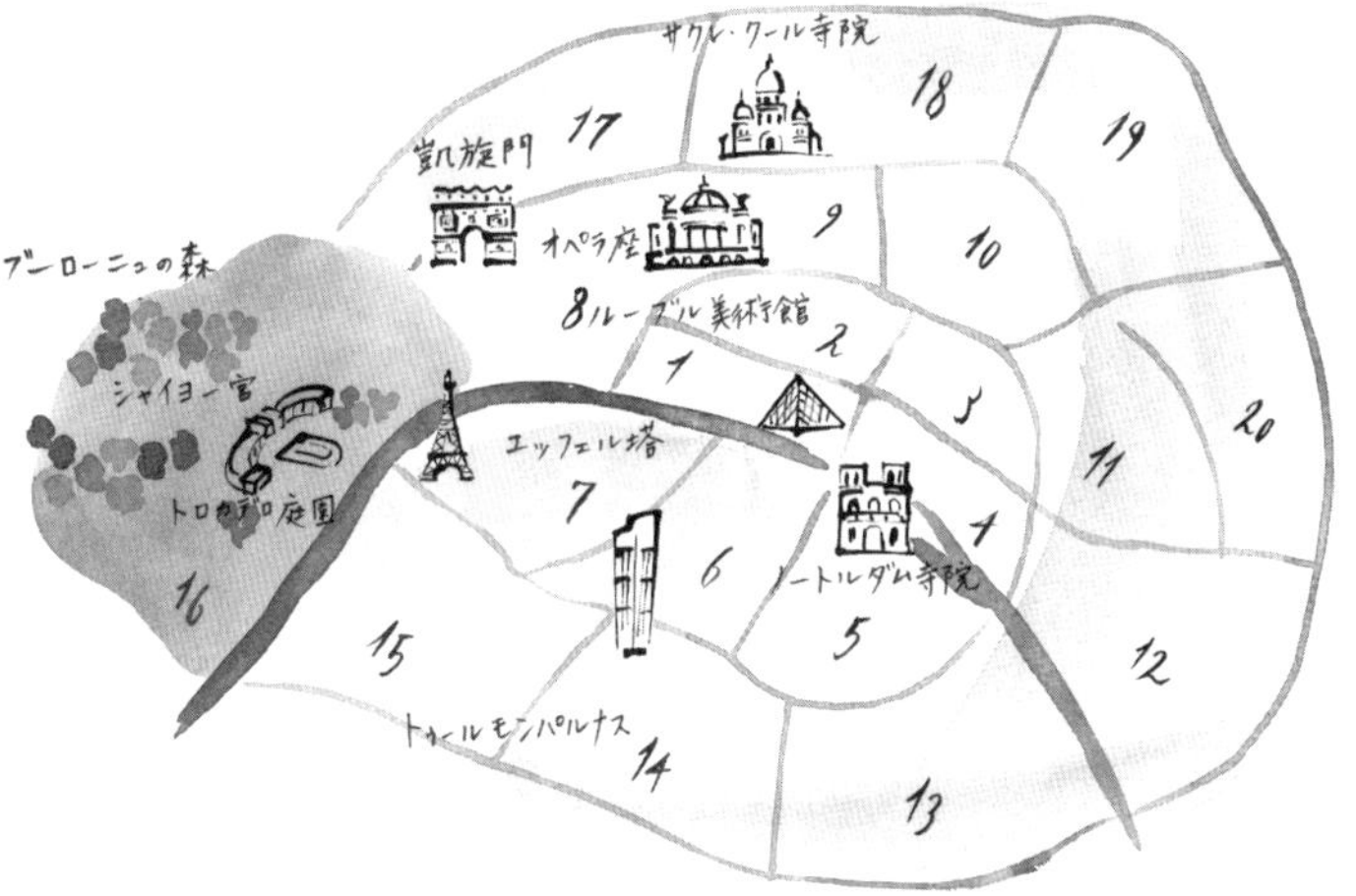

す。

また十六区には、訪れやすいサイズの歴史建造物や、洒脱で趣のある美術館も点在し、季節のいい時期、そぞろ歩きして楽しめるといった、生活と文化が寄り添うところです。とりわけ十六区の西部に位置する広大なブーローニュの森は、都会からすぐのロケーションにもかかわらず、パリジャンやパリジェンヌをあっという間に緑で包み込んでくれる重要なオアシスです。これらが、十六区のハイライフを支える絶好のロケーションを創り出しているのです。

パリのわが家は十六区、なかでもパリきってのコンサヴァティヴな住宅街のひとつに挙げられる「パッシー地区」にあります。子供のころから何度もパリに遊びに来ていた私が、シアンスポ（パリ政治学院）への留学を期に、この街に居を構えることになったのが二十数年前。

留学生活のためのアパルトマン探しからスタートしましたが、途中から「どうせ住むならば、少し快適なアパルトマンを探してみては？」ということになって、父に派遣されパリに遊びにきていた母の絶大な協力を得て、二十件を超える物件調査を敢行したのです。結局、直感を尊重し、すべてが気に入ったパッシーのアパルトマンに決めたのですが、そこに至るまで、十六区のあちらこちらを訪れ、極めつきにシックなパリマダムたちとふとしたことから交流が始まりました。それは、時とともに素敵なご縁を連鎖し、パリの社交やさまざまなシーンで育まれていきました。そしていつしか、こんなにもパリ十六区で時を重ねることになったのですから、出会いとは、思いがけない時間をプレゼントしてくれるものです。

五感をぴーんと研ぎ澄ませ、日常のさりげないひとときさえも、素敵に演出して過ごそうとするパリの人たち。一方で、「ああ、人生って素晴らしい！」と、思わず声を上げてしまいそうになるほどの、非日常の楽しみ。両者が織りなす、パリ十六区の彩り豊かな十二か月には、自らの美意識を問われるような、趣向に富んだ季節のイベントが満載です。だからパリジェンヌには、常に、美にまつわるちょっとした緊張感がついてまわるのです。そのひとつひとつに、一心に向き合って過ごしていると、また、あっという間に一年、彩り豊かな四季の物語を紡ぐことになるのです。

さぁ、そんなパリ十六区の十二か月に、ご案内していきましょう！

目次

# Septembre

9月——新しい季節の扉を開けるとき

# ヴァカンス明けの風景

九月のパリは、夏の間、ヴァカンスで「静止していた街」が、突然、動き出すとき。そして、新しい〝美のパラダイム〟を、リズミカルに紡ぎ始めるときです。

それぞれのヴァカンス先で、太陽と自然にすっぽり抱かれ、思う存分魂を癒した後は、そろそろパリの生活が恋しくなってきます。都会のリズムやスピード、アートやカルチャーの香りが、いよいよ必要になってくるのです。

さぁ、彼らとの生活が始まる――。

休暇の終わり特有の、新しい日常に向かう心持ちです。また来年、ヴァカンスに出るまで、どんな一年がパリで繰り広げられるのかしら。だれもが想いを新たにする、「ロントレ〈rentrée〉」といわれる、新年度の始まりです。

こうして戻った久々の「パリ」は、新しい季節のエッセンスが詰まった、魅惑的な街にきりりと、お化粧直しされています。ヴァカンスに出る前の、ソルド〈soldes〉（セール）で散らかった街ではなく、シックで、スタイリッシュな「パリ」に――。

人々はそんな街に、まだヴァカンス先の名残りのある、それぞれの「夏物語」を香らせる装いで出かけます。滞在した世界のさまざまな土地の息吹や、カラフルな美のパレットが、パリジェンヌたちのシルエットを通して、あたりを鮮やかに彩っていきます。街のあちらこちらに、ぱっと花が咲いたような生命力が弾け、笑顔がこぼれます。秋の扉を開ける直前、パリが、束の間、ちょっと〝カラフル〟になるときです。

街は、ビズ〈bise〉（軽いキス）と抱擁のラッシュ。熱く再会を喜び合い、パリの街中、休暇中の話でもちきりになります。まだ夜九時くらいまで陽の長い中、トロカデロ広場きってのシックなサロン・ド・テ「キャレット（＊1）」では、太陽で艶やかに磨き上げられた常連客がいつもの「指定席」を飾ります。休暇中だったランドマーク・カフェのギャルソンたちも、日焼けしたご機嫌の顔でいつもの持ち場に戻るのです。心地よい波動が響き合い、ラテン気質の弾けるおしゃべり、街は一気に、ヴォルテージを上げていくのです。

## フランス人と「光」

さて、その人が「ヴァカンス明けか、これからヴァカンス組か？」は、それこそ一目瞭然にわかります。大自然と太陽のパワーに磨かれ、愛する人たちとかけがえのない夏の時間を過ごすと、私たちの体の奥底にある「生命のきらめきの中枢」みたいなものがすっかりリフレッシュ！　まぶしいほどにキラキラ輝くのが、外側にほとばしって見えるものだからです。

フランスで暮らしていると、「光」の存在が、すべてに先んじて、とてもポジティヴなものと捉えられているのを感じます。

ここでいう「光」とは、太陽や照明のように、実際に物理的に明るく照らす、ライトのような光もあれば、もっと象徴的に、人生を照らし、私たちを活き活きと輝かせてくれる、素敵なモノやコトである場合もあります。

日本でも最近よく使われるようになった「リュクス〈luxe〉」という言葉。至福感や贅沢感を表し、心を晴れ晴れとさせるような快感や豊かな心地よさが、生命の根源みたいなところに響き渡る、そんなニュアンスがあります。語源は、フランス語の「光」という単語の「ルミエール〈lumière〉」。パリの暮らしの鍵を握る、この「リュクス」という言葉についても、少しずつお話ししていきたいと思います。

## 靴でまとう、時の風

新しい季節の扉が見えてくると、パリの女性たちは真っ先に、靴屋さんへ――。

〝時の美意識〟が凝縮された、新たな季節に踏み出すための一足を、よーく見定めて、ポン！と買います。まるで、アーチェリーで自分の「美のスタイル」を射るように。

それがモンテーニュ大通りやフォーブル・サントノーレ通りのハイ・ブランド店でも、十六区のパッシー通りの普通の靴屋さんであっても構わないのです。時代が抱かせる〝フレッシュな感性〟を湛《たた》え、いまの心持ちに、ぴたり！とくる「ペア」であれば――。

購入翌日から（いいえ、もしかしたらその当日から）さっそくはき始め、美しいパリの街へ歩み出します。次第に歩調は速まり、軽快に闊歩《かっぽ》してゆくのです。疲れたら、しばしなじみのカフェでひと休み。広大なパリのパノラマに、そんなパリジェンヌたちが、どんどん飛び立ち、パリの風景を動かしてゆきます。

風をきって颯爽《さっそう》と歩くパリジェンヌの姿は美しい！　パリの街を闊歩するのが大好きなのです。移動はいつもクルマやタクシーなんていうのはＮＧ！　だってこの街は、歩くほどに、街の息吹やエレガンスをいっぱいに吸い込むことができるから。

笑顔は笑顔を誘い、大きな美の連鎖が、あっという間にできあがります。パリの秋はこうして始まり、新しい〝美のパラダイム〟が立ち上がっていく。街を包み込む、この壮大なリズムとスピードに、しっかり乗っていかなくちゃ。でないと、パリジェンヌであることを楽しめない！

パリ政治学院〈Sciences Po〉（シアンスポ）の学生だったころ、学校の近くの、いつものサンジェルマン・デ・プレのカフェでの待ち合わせに行くと、ボーイフレンドがにっこりほほえみ、いつもより大げさに足を組んで待っていました。私が席につくかどうかくらいのタイミングで、彼はショコラ色の新しい靴を指さして、こう言いました。

「見て！　この靴、僕の新しいクルマだよ！　今日は『新車』の走り始めさ。今週、BNP（当時のパリ国立銀行。現在のBNPパリバ）の総裁、ミシェル・ペブロー氏の銀行法のゼミナールのいよいよ一回目。緊張するなぁ。あのペブロー氏とご対面さ。でもこの『新車』で颯爽と乗りつけるからね！　見ててよ」

あまりにはしゃいだその様子に、カフェのなじみのギャルソンとも目が合って、思わず笑ってしまったけれど、確かに、靴にはそんな高揚感があります。

靴はその人のアリュールを決める。「アリュール〈allure〉」とは、フランス語で「品格」の意。もともとは、歩きぶり、歩調、態度、振る舞いなどといった意味をもち、私はむしろ、パリジェンヌの生きる原動力みたいなものも表している言葉だと感じています。

同時に靴は、新しい世界に飛び立つ際の、「翼」でもあるかもしれません。フットワークはその人の息吹、生命のエンジンです。ですから、靴を選ぶとき、パリジェンヌは、そのフォルムやはき心地だけでなく、無意識のうちに、そこに凝縮された美の「心」、振る舞いのエッセンスみたいなものも、選びとっているのかもしれません。

私の大好きなパリの靴ブランド、ロジェ・ヴィヴィエのプレスを手掛ける、貴族出身のイネス・ドゥ・ラ・フレサンジュ。もともとシャネルのマヌカンで、カール・ラガーフェルドのミューズだった彼女は、姿勢がよく、リズミカルな躍動感をもって、パリの街を闊歩するノーブルな歩き手です。ちなみにシャネルを離れた後のイネスは、自身のブランドを手掛け、一時は右岸のモンテーニュ大通りに出店し、成功を功めた後にリセット。数年前に左岸のグルネル通りに新しいブティックをオープンしています。彼女はいわば〝典型的な〟パリジェンヌ。流行に席捲《せっけん》されたトータルルックや、いかにもリッチに見えるような装い方を嫌い、質のよい、着心地のよいものを、さりげなく装うことを好みます。彼女の歩き方は、そんな生き方を表すような、伸びやかなアリュールを感じさせるもの。現在は、長女もモデルとして活躍中。そのノーブルな面持ちが話題になっています。

さて、こうして選び抜いた、それぞれにとっての極上の靴で、パリジェンヌは新しい季節に果敢にステップを踏み始めます。歩いた軌跡として浮かび上がる「人生の風景」も、そこに流れるメロディーやリズムも、選んだ靴で、まったく違ってくるはずだから。靴選びはパリジェンヌにとって、新しい季節一番の「真剣勝負」なのです！

## サントロペのエスパドリーユ

ある時、ヴァカンスから戻ったばかりに、時折アパルトマンのエレベーターなどでご一緒する、モダンでおしゃれな十六区らしい先輩マダムと再会しました。いつお会いしても、豊かなハイライフを楽しんでいらっしゃることをうかがわせる女性です。そんな彼女がバゲットを抱えて、エレベーターに乗り込んできたのです。

私「まぁ、お久しぶり！　ヴァカンスは、いかがでした？」

マダム「あら！　こんにちは。今年は南に下ったのよ。夏らしいお天気で素晴らしかったわ！」

光をまとうように、明るく語る彼女。ふと視線をマダムの足元に移すと、目が釘づけに――。その夏、私がヴァカンス先のサントロペの朝市で買い求めた、マルチカラーのエスパドリーユとおそろいのものを、スタイリッシュにはいていらっしゃるではありませんか！

南仏のマルシェの瑞々《みずみず》しい果物や野菜の、艶やかな色を織り込んだような色彩。サントロペでの休暇のエッセンスを凝縮したような、とびきりフレッシュなエスパドリーユ。確か三十ユーロくらいの、本当に超お手ごろな、カジュアルなものでしたが。

「それもしかして……サントロペの朝市の？」

と言いかけると、マダムも急に相好を崩して私の手を握ってきて、二人で思わず手を取り合って笑ってしまいました。彼女も、ご家族でひと夏サントロペに滞在し、朝のマルシェで、このエスパドリーユを見つけたというのです。

開放的な海辺の雰囲気、生命力にあふれた朝市のすがすがしさ、まるであの豊かな夏のヴァカンスをシンボライズするようなエスパドリーユ。ひと夏のかけがえのない時間の「アイコン」を、パリに戻ってもはきたいという、マダムの気持ちはよくわかります。互いの夏の日々を共有したような、言葉にできない親近感を覚えて、以来、彼女とはおしゃれ談義をしたり、時には人生についても、ちょっぴり語り合う間柄になりました。

東京でコンサバに育った私は、「知らない人たちの間に入っていく」という経験を、あまりしたことがありませんでした。ところがパリに身を置くようになって、自分の外郭をきっちり守るといわれるパリの人々が、ある瞬間を境に、扉を次々と開けて、彼らの懐の一番奥深いところまで、ぐーっと招き入れてくださったのは、とても幸運なことでした。

日本では、同じような環境、学校、出身地、家族構成など、共感を持ち合える存在は、想像しやすいところかもしれません。もっと言えば、日本は、ほぼ単一民族で長い歴史を紡いできた国ですから、以心伝心とか、暗黙の了解みたいなものも、ある程度は成り立つ国民性です。でもパリでは、そういうわけにはいきませんから……。

## 自分を語れなければ、始まらない！

いくつかの民族が、互いに受け入れ合って暮らしているフランスでは、何かを思っても、口に出して表さなければ、まずわかり合えない、と考えます。きちんと理解し合うには、「会話」が必要。だからフランス人は、ディスカッションが大好きなのです。

パーティーや夕食会は、開催される国によって、そこで行われることが異なるといわれます。皆で歌を歌うとか、ダンスをするなど。ではフランスの場合は？といえば、それはやっぱり、おしゃべりなのです。思わず議論沸騰することもあれば、対話を通じて、新しいパースペクティヴ（視点）を、みんなでぐんぐん拓くことだってあるのです。

留学でパリに来たばかりのころ、友人のご両親宅のシックなソワレ〈soirée〉〈客人を招いたディナー〉にお呼ばれしたときのことです。政治家である友人のお父さまが、会食のテーブルで、私たちの専攻であるEU統合政治の話に言及なさいました。当時のマスコミの最大のトピックのひとつは、EU域内をパスポート・コントロールなしで自由往来〈La libre circulation des Européens〉できることについて。フランス国内も、そのぜひについて議論が高まっていたのでした。

「わが家の新しいゲスト、キョウコは、どう思うかな？」

夕食会の主であるお父さまから、不意にそんな言葉を向けられたのです。ちょうどサーモン・フュメのおいしいオードブルを堪能していた私は、思わず、むせそうになりました。フランス語で「エクスポゼ〈exposé〉」といわれるプレゼンテーションの相方で、その晩、一緒にお招きを受けていたステファンの助け船もあり、なんとか考えをまとめ、

「アジアですと、ちょっと想像し難いことだと思います。自由往来の発想自体が可能なのは、欧州はなんといっても地続きであるし、長い歴史のなかで、王族をはじめ、さまざまな血族が婚姻などによって隣国の民族の血を受け入れてきた背景があるからだと思います」

そんなお答えをしたと思います。するとほかのゲストから、次々と日本の国民性や、アジアのなかでの立ち位置などを尋ねられて、もう四苦八苦！　改めて日本について考える機会になりました。同時に友人のお父さまが、フランス語が母国語でない、その宵の唯一のゲストであった私を、夕食会の会話の中心に、そっと招き入れてくださったことにも気づき、温かな気持ちになりました。この晩のことが契機となり、日本のことを、もっときちんと語れるようにならなければ！と新たな課題が生まれました。そしてそれは、いまも変わらず、私についてまわっています。

# パリの風景は、美のテアトル

ところでパリに住むようになって実感したこと、それは日常に目にするひとつひとつのシーンが、まるで映画のシーンのように、研ぎ澄まされて美しいということ。

それは、街並みがきれいとか、風景が素敵ということばかりではなく、もっと身近な、私の網膜に映る、ごく普通の何気ない日常のシーンがとにかく美しいのです。

たとえば、ロワイヤル通りのサロン・ド・テ「ラデュレ(＊2)」。日本にも進出し、すっかりおなじみになったラデュレのロワイヤル店で、お茶の時間を楽しむシックな六十代はじめのパリマダム。お一人は、肩くらいの長さのブロンドの髪を、毛先をくるんとカールさせ量感豊かに美しくセット、ショコラ色のツインニットに、アイボリーの大きめのエルメスのコスチューム・ジュエリーが映えています。もうお一人は、シャタン(薄茶色)の長い髪を軽くカールさせ、ライラック・ローズのジャケットには、金の太めのチェーンのネックレスとブレスレットが彩りを添えています。お二人の装いは、ラデュレのネオ・クラシックな内装に映え、まるでわざわざ用意した、劇中のコスチュームのよう。初秋のパリの、午後のひとコマの「情景」を、ロマンティックに飾っています。

そうかと思えば、十六区のティーンエイジャー仲間が集う、パッシー通りの「ラ・ロトンド」というカフェでのひとコマ。微妙に異なる瞳、髪、肌の色合いが、それぞれ引き立つように、ひとりひとりが選んでまとう、さりげない彩りのセーター。それらが、カフェの深紅の椅子やシックなインテリアと織りなす、色彩のオーケストラ。少し離れてみると、印象派の絵が揺れているようにさえ見える情景からは、ある美の法則が見てとれます。

この街の住人たちは、自分が身を置く場所の「背景となる情景や色彩」、さらにはニュアンスも、ちょっと計算に入れて、常に装いを選んでいます。

「キョウコ、出会ったばかりのご夫婦からオペラ座にお招きを受けたら、ノワール（黒）のカクテルドレスがいいわ。オペラ座の深紅の椅子に映えるし、はじめは『シック』が肝要よ」

そんなことを教えてくれたのは、パリの社交界のベテラン、マダム・ベアトリス。思うことを臆せずに語り、わがままいっぱいのような印象を持たれがちな彼女ですが、実は、おしゃれを通して、無言の細やかな心づかいや、微妙なニュアンスを使い分ける達人です。

パリの人々は、この美しい情景のなかで、自分の目や肌や髪の色がどのように映るかを生まれたときから教えられ、それを最も引き立ててくれる色やフォルムを、幼いときから授けられて育ちます。そして自分でも試行錯誤しながら、「美意識」を育んでいくのです。

パリのブティックでお買い物をしたことがある方ならば、身にまとうアイテムの色を迷ったとき、店員さんから思いがけないアドバイスを受けたことがあるでしょう。たとえばフランス人が一番こだわる紺色でいうと、「あなたの肌や髪の色にはこちらのオーベルジン（茄子紺）のほうが合う」とか、「ブロンドの方には、ブルー・トレ・フォンセ（黒に近い濃紺）がより引き立つ」とか、「アズュール・ブルー（ロイヤル・ブルーと濃紺の間の藍色）があなたにはお似合いですよ！」といった具合に——。

フランスは、植民地政策を展開していた時代があり、歴史的に見ても、ヨーロッパのみならず、さまざまな民族を巧みに織り込みながら進化してきた国。髪や肌や顔立ちによって、得意な美感や色調は異なります。美しいパリの情景は、ひとつひとつがパズルのコマのような、パリジャン＆パリジェンヌの美感で創り上げられ、この街ならではの夢見心地な風景ができあがっているのです。

## 豊かなパリの色彩パレット

秋の楽しみのひとつに、最新のカシミアのカタログが届くことがあります。定番の色に加えて、微妙なニュアンスを示す色数の多さに驚きます。そして、フランス語の色彩の名称のロマンティックさにも、この国の美意識の奥深さを感じてしまいます。

パリに住み始めたばかりのころ、住まいのある十六区のパッシー通りからほど近い、小さな通りに、素敵なカシミアの専門店を見つけました。このブティックは、二十年ほどの間に、おしゃれなパリジェンヌが住むエリアに支店を展開させ、フィギュア・スケート選手権の冠スポンサーまで務めるほどの、大成功を収めました。毎シーズン届くカタログには、美しい色糸の見本が同封され、まるで季節の贈り物のようです。

興味深いのは、描かれた色彩の名称が、とても詩的でロマンティックだということ。赤という括《くく》りでも、「グルナ〈ガーネット色〉」「ルビ〈ルビー色〉」「ヴェルミヨン〈朱赤色〉」「エキャルラット〈緋色〉」「グロゼイユ〈赤すぐり色〉」など、さまざまなトーンの「赤」があります。パリジャン&パリジェンヌのすごいところは、同じ系統の色の中で、どれが「自分の色」なのかを、年を重ねながら、きちんと会得しているところ。そして、どれが「今年の色」なのかも、十六区マダムは、ちゃんとわかっているのです。

「どの色が自分の色か?」をわかっていることは、ちょっと大げさにいえば、心豊かに生きるための生活術を会得していることになりますね。毎日のように、十六区のカシミア・ショップでは、パリマダムの繊細な色彩選びが、繰り広げられています。

「わが家のサロンは、日当りが最高なのよ。だからちょっとこのセーター、外の光で色を確認していいかしら? うーんちょっと鮮やかすぎるかしらね」

「濃いブロンドの方には、この『グルナ』の色調が、格調が出てシックに映えますよ」

「そうね。でも今年の旬な色としてはどうかしら? ルージュをちょっと変えれば、今年らしい『ワインカラー』や『バーガンディー』も楽しめるかもしれないわね」

色彩のことになると、パリの女性はなかなか譲りません。そこに、彼女たちのアイデンティティがあるから。自宅のデコレーションから始まり、飾る絵や花、主人公たちの装い、さらにはテーブル・アートに至るまで、壮大な色彩のダイアログが日々繰り広げられています。カナペ（長椅子ソファ）の張り替えのときなどは、生地のサンプルをいくつかカットしてもらって持ち帰り、自宅サロンの照明の下で、美しさをゆっくり検証するのです！これこそがパリの生活術のなかでも、最も楽しいジャンルであって、パリマダムにとって、最高にクリエイティヴな、心浮き立つたしなみなのです。

「どうしてこんなにマットでくすんだカーキ色があるのかしら?」と思っていても、ひとたびそれを、友人のアマンディーンのような、マットな肌で濃いブロンドの人がまとうと、うっとりするぐらい格調が出て、夢のようにエレガントに引き立つから驚きます。

パリの人々は、ひとりひとり自分用の色パレットを、生まれながらに持っているばかりでなく、美しいパリでの美的な経験を通して、自分の美感や色彩パレットの精度を研ぎ澄ませて究めていきます。

だからこそ、パリの女性たちの装いや、メゾンのインテリアは、一朝一夕には成し得ず、年齢や経験を重ねるほどに、たおやかに、艶やかに、洗練されていくのです。若いときならではの色、まさに「開花のとき」にまとう色、そして、少し盛りを過ぎたときにこそ美しさを醸し出す色調、という具合に——。経験と時代との交差線上に、豊かさや深みが生まれるのです。そして、個人的な見解かもしれませんが、意外にも鍵を握るのは、時代の持つ「ライブ感」。

時代の雰囲気「レール・デュ・トン〈l' air du temps〉」と、自分のいまの気分。その両方に、パリジェンヌは非常にセンシティヴだと思います。

## 時代の雰囲気「レール・デュ・トン」

フランス人は、自分に似合うものや、大好きな上質のものを、何年も着続けるといわれていますよね。どうしてでしょう？　もしかして、ちょっとけちんぼ？

いえいえ、そうではなく、そのアイテムが、流行という一過性の感性ではなく、もっと時代を超越した、その人にとっての「絶対的な美」の感性を、満たしているからでしょう。「クラシック」と括られる、普遍的な美の「翼」を持っているということです。

フランス屈指の老舗ジュエラー、カルティエのハイジュエリーの新作が発表されたとき、パリでカルティエのアトリエを訪ねたことがあります。その際に、クリエーションの美を見守るお役目のイメージ スタイル＆ヘリテージ ディレクター、ピエール・レネロ氏がこんなことを話してくれました。

「私たちは、約二年先の世の中やその感性、世界の雰囲気や心持ちを予想して、コレクションの美感を創り出します。時代の最前線で吹いてくる風を感じながら、人々をさらにもう一歩先に誘うような、ちょっとアヴァン・ギャルド的な美感を探しているのです。そのためには、世界中で開催される展覧会、映画や音楽、それにお芝居など、あらゆるアーティスティックなパフォーマンスに触れて、時代の心、時代の感性を把握したうえで、一過性ではない『普遍的なジュエリー』を創り出すことを目指しています」

コレクションを手掛けるアトリエの女性デザイナーに聞いてみても、答えは同様でした。

「美的感性の精度を上げるには、アートやモードの新しい才能の感性に常に触れること。パリにある、世界有数の美術館のクラシックな常設展示はもとより、むしろ新しい企画展、話題のオペラやお芝居の公演、パリコレのプレタポルテやオートクチュールも必ずチェックします。また、ヴェネチア・ヴィエンナーレやＦＩＡＣ（パリで開催される現代アートの見本市）など、同時代を生きる才能あふれるアーティストたちの、美の祭典をきちんと観ておくことは、時代の心をつかむうえで絶対に必要です。それは一過性の流行を見るということではなく、美の方向性を見定めるためです。さらに、パリに集まってくる世界中の美しいものに、常に厳しいジャッジを下してきた美意識の達人『パリマダム』たちの装いを眺めておくことも、実は、非常に大切なことなんですよ」

確かに、パリという街に暮らすうちに、目に見えない美のルール、不文律を会得し、色彩感覚と、絶妙にバランスのとれたフォルムといったパリ独特の美意識を、自然にまとえるようになるのですから、この街の美的パワーは、すごいなぁと思ってしまいます。

さて、私の学校は、セーヌ左岸のサンジェルマン・デ・プレにあり、セーヌ右岸十六区にあるパッシーの自宅から三十分くらいの行程を、32番と63番というバスを乗り継いで通っていました。それらは、十六区在住のコンサバ・エリート家庭の子弟が、保守正統派のグラン・ゼコールに通うために使う、ちょっとした「セレブ・バス」だったらしく、出会いを求めて乗り込むマドモワゼルもいたと、後になってから聞きました。二〇一七年にフランス大統領に就任したエマニュエル・マクロン氏も、まさにこの学校のステレオタイプです。

毎朝、学校前のバス停「サン・ギヨーム」に着くと、教室に猛ダッシュの日々。そのため、素敵な男子が乗っていたか？は定かではないのですが、皆本当に自分の色彩を知り尽くしていたのは確かなこと。まるでパリの風景という、美の劇場《テアトル》の配役を、それぞれが、きっちり演じているみたいでした。

いまからほんの数年前に、この学院の保守的な選考方針が変わって、いわゆる「シアンスポの民主化」がなされ、フランスで大きな話題を呼びました。現在は、さまざまな家庭の優秀な子弟が通う、もっと開かれた学校になっているようです。

## 「魅せる」おしゃれと、「楽しむ」おしゃれ

おしゃれにはふたつの種類があるように思います。それは、自分の本来の〝らしさ〟を「魅せる」おしゃれと、自分自身が「楽しむ」おしゃれです。

初めてだれかと会見するとき、相手に残った印象が、その日着ていた私の服だったとしたら、その装いはNGなのかもしれません。パリでは、そんな考え方をします。ファッション・インタヴューやファッション・スナップならば別なのですが。まとう人の個性やオーラが、さりげなく浮かび上がって、相手の印象に残ることが、装いの基本だから。

またフォーマルでいくべきか？　カジュアルでいくべきか？も、きちんと見極めます。ここを間違えてしまうと、ソワレやイベントにせっかく出席しても、台無しになりかねないのです。必要以上にドレスアップするのも、逆に、申し合わせのドレスコードを満たさないことも、パリの人々は、野暮であると警戒し、その「精度」に神経質になります。

自分らしさを引き立てる色彩やスタイルで、さりげなくも上品な装い。着心地がよく、思わず表情も明るくなるような、まとう「必然性」のある装いを、スマートに選ぶのがパリジェンヌ流。そう、パリの風景には、美のルールがあるのですから。

パリ政治学院で最初に仲良くなった友人、キャロリーヌ。パパは眼科の著名なドクター、

ママは政治家という、多彩な才能を引き継ぐ彼女も、十六区出身の美しい才媛。情熱的で、友情に厚く、愛があふれている女性です。出会いは、私が幸運にも合格することができた「ラグジュアリー・ビジネスの経営学」という、当時コルベール委員会（コミテ・コルベール〈Comité Colbert〉の事務総長、クリスチャン・ブランキャール氏が主宰するゼミナールの一回目のとき。多くの学生と同様に、キャロリーヌもエセック〈ESSEC〉という別のグラン・ゼコールをすでに卒業。ヨーロッパの脈々とした民族の系譜と、格調を感じさせるエレガンスの持ち主でした。ブロンドの長い髪を、時にはシニヨンにして、パールのピンをいくつもさしていましたっけ。初回の装いは思い出せませんが、ブルーの瞳が輝いていたことはよく覚えています。

ゼミナール「ラグジュアリー・ビジネスの経営学」は、フランスのラグジュアリー企業で構成される、コルベール委員会のメンバー企業のトップが、毎回、それぞれのメゾンの現状を説明し、ケーススタディーをするというもの。各回ゼミ生の二人一組が指名され、事前に準備をして、毎回のゼミをナビゲートすることになっていました。

キャロリーヌと私は、意気投合してペアを組み、担当するのは、ルイ・ヴィトンに決まりました。当時の社長兼CEOで、後にルイ・ヴィトンの会長兼CEO、さらにLVMHファッショングループのトップを長く務められたイヴ・カルセル氏とセッションを重ねることになったのです。二〇一四年、病のため天に旅立たれたカルセル氏は、トランク製造業者として創業したルイ・ヴィトンの本質を見据えながら、世界屈指のラグジュアリー・メゾンへと大きく開花させていった優れた実業家でした。さて当時は、多彩なスタージュ（研修システム）があり、学生は学業の傍ら、企業のコンサルティング的なワークショップに参加することもありました。キャロリーヌは、ディオールでスタージュをしていて、かなりのおしゃれさん。当時から一緒に、いろいろな「美の冒険」をしたものです。

ある時、彼女はディオールのセールで見つけたという、上品な色調のオレンジのハーフコートを着てきました。オレンジ色というのは、キャロリーヌには珍しいことでしたが、それだけに新鮮に映りました。この日、私はキャメルのロングコートを着ていて、二人で並んでいると互いの色調が妙に引き立て合うらしく、サンジェルマン・デ・プレを歩くうちに、いろいろな人にすれ違いざまに褒められました。勉強のストレスと過密なスケジュール、二人とも表情はかなり険しかったはずですが（苦笑）。

パリの街は、そんなふうに、街の風景に少しでも彩りを添えている装いを見ると、逃さずひとこと、声をかけてくれるのです。あるときも、コンコルド広場で信号待ちをしていると、ポルシェのカブリオレに乗ったシックなシニア・カップルが徐行してきて、

「マドモワゼル！　そのグレーのコートのシルエット、素敵ですよ！」

ひとことそう告げると走り去りました。こんなこと、パリならではのことでしょう？

さて、ルイ・ヴィトン本社の社長室に伺うのを翌日に控え、キャロリーヌと綿密にレ

ヴューをすませ、最後に「そういえば服はどうする？」となりました。

「キョウコ、明日はもちろん、シックに決めていきましょう！」

二人とも、紺かグレーのパンツスーツで、張り切って出かけたのだったと思います。

## パリとブルー・マリン、ブルーの洗礼

パリに渡って二度目の秋、寒さが急速に街を覆い始めたとき、ブルー・マリンのロング・シルエットのコートが、急に、街を闊歩し始めました。黒が抜群に似会うパリジェンヌですが、「ブルー」と括られるあらゆる紺色には、彼女たちを一段とノーブルに見せる、魔法のオーラがあるのです。ブルー・マリンには、空や海の「艶やかさ」を究めたような、どこかスピリチュアルなオーラがありました。ブルーは神聖な色とされ、フランスの王族がまとう、ロイヤルなカラーでもあったからかもしれません。

パリジェンヌの日常の正装のひとつが、紺のパンツスーツ。紺は、その人「らしさ」を際立たせてくれる魔法の色だし、パンツスーツは、巨匠イヴ・サンローランの言う通り、やっぱり女性を、アクティヴかつエレガントに引き立ててくれます。これは、いわば自分を「魅せる」ファッション。ここでいう紺色は、日本の就職活動中の学生さんたちが着用するよ

うな、個性をひたすら消し込む色ではありません。

パリの紺色は、「ブルー」「ブルー・マリン」「ブルー・フォンセ」などと、フランス人が呼ぶところの、ある華やかな含みのある紺色。これが、日常のひとつの「正装」にあたるということについては、男性に関しても同じです。

パリでは、真っ白のシャツに、「ブルー・マリン」の単色のネクタイが、男性を抜群にエレガントに、かつ「正統的に」見せるように思います。事実、毎年七月十四日のフランス革命祭のとき、歴代の大統領の装いは、真っ白なシャツに美しいブルーのタイ。また、私にとっての〝エレガンスのメンター〟、ヴァレンティノ・ガラヴァーニ氏も、クチュール界を引退した現在でも、社交シーンでご自分が主役の際は、上質な紺のスーツに白いシャツ、それに絶妙に美しい、ブルー・マリンのクラヴァット（タイ）をなさっています。

## 装いのストーリー

同級生のキャロリーヌと出向いた当時のルイ・ヴィトンは、まだセーヌ右岸にしか店舗がなく、しかもプレタポルテを手掛ける前で、マロキヌリー（革製品）だけを展開していた時代。ちょうどサンジェルマン・デ・プレの新ブティックの構想を練り始めたころで、私たちもゼミナールの内外で、このセッションに参加しました。

さて、この日に印象的だったのは、当時（いまから二十数年前のことですが）ＣＥＯのイヴ・カルセル氏の秘書が、シックなベテランの女性だったこと。確かベージュのツインセットに、同色を織り込んだツイードのスカート、エレガントなパリジェンヌが好む、マロン色とゴールドのコスチューム・ジュエリーのネックレスを身につけていらしたのです。彼女のエレガンスは、どこか物語性を感じさせる深みがあって、そんな彼女が長年お勤めの、ルイ・ヴィトンというメゾンの、品格と格調を、どこかうかがわせるものでした。

先ほど私の〝エレガンスのメンター〟とご紹介した、ヴァレンティノ・ガラヴァーニ氏がまだ現役だったころ、取材で彼のオートクチュール・コレクションに密着したことがありました。彼のローマのオフィスやアトリエ、パリのオートクチュール・サロンやデフィレ（ファッションショー）会場、それにショーの舞台裏まで、多くの時間をヴァレンティノ氏や、「彼のクチュールの王国」のメンバーとご一緒することができたのです。

デザイナー自身の名前を冠したクラシックなメゾンとしては、最後になってしまったヴァレンティノ。厳しく美に向き合う彼を見守る「クチュール王国」のファミリーたちは本当の血族ではないのですが、愛や夢で強く結ばれ、ヴィスコンティの映画さながらの美しい人々でした。なかでも、人々を慈しむような心づかいで皆を包容する彼の秘書は、いつもシックな装いで、穏やかなたたずまいの女性。ショーを数日後に控え、皆が動転するようなハプニングが起きたときも、心をととのえて、状況を静かに見守っていました。

「キョウコ心配しないで！　大丈夫なのよ。いまにいつものように、また奇跡的な名案が浮かんで、必ずうまくいくから。ヴァレンティノ氏は、いつもそうやってきたのよ！」と、私たちのことも落ち着かせてくださいます。そして事実、彼女の言葉通り、問題はほどなく解決し、数日後のショーは大成功でした。

キャリアを重ねた女性が、自分らしい立ち位置で魅力的に振る舞い、年月とともに、その存在感をますます輝かせていくのは素晴らしいこと。装いが、彼女ならではのもののように、そのレゾン・デートル（存在理由）も、余人を以って代えられないものだから。

ところで微妙な色彩使いの名手であるパリの人々。「ライラックに合うのは？」と言えば、「紺、白、グレー、ショコラ」と反射的に、ベスト・コーディネイトカラーを挙げられます。時には意外な組み合わせも編み出しながら、心を引き立てるおしゃれを楽しんでいます。そして、そこには見えないパリの不文律があって、あまり「やりすぎない」のも、パリの情景がさりげなくシックに保たれる、ポイントのようです。

（＊1）キャレット〈Carette Paris〉4 Place du Trocadéro 75016 Paris
（＊2）ラデュレ〈Ladurée Paris Royale〉16-18 Rue Royale 75008 Paris

# Octobre

10月――わが家は人生の舞台

## 秋のパリ、そのたたずまい

午後十時近くまで明るかった夏の宵が嘘のように、十月は、夜が次第にその存在感を増していきます。一点の迷いもなく、まるで紺碧《こんぺき》の海のようだったパリの夏空が、蒼《あお》のグラデーションを駆け下りて、ニュアンスの異なるブルーが入り混じったデリケートな風情に。そこに薄い白い雲を浮かべれば、秋の舞台装置ができあがります。

同時にパリは、秋の社交シーズンを迎えます。一日の「第二部」が始まるのは、陽がすっかり落ちて、闇に包まれてから。街ゆくパリジェンヌの装いも、どこかドラマティックになってきて、これから始まる素敵な時間を想わせます。物語の始まりを予感させる、ジャズのジョー・サンプルのテンポの速いメロディーが、パリの秋の序章にはよく似合います。美しい姿勢で、リズムを刻むように足早に歩く、細いシルエットのパリジェンヌたちが、グレイッシュでシックなパリの風景を、きりりと引き締めていくのです。

一夜にして気温が十度にも満たない朝を迎え、静やかでロマンが香る、パリならではの濃い季節がやってきます。秋本番の寒い朝には、新しいシルエットのコート姿が目立ち、どことなくロマンティシズムが漂う、一年で最もパリらしい、魅惑的な光景が展開していくのです。朝のカフェでは、さえずるようなパリジェンヌのおしゃべりが、軽やかにメロディーを奏で、ムッシューたちの会話がトロンボーンのように低音で響きます。いつものカフェで、いつものギャルソンとの束の間のおしゃべりをステップに、皆それぞれの仕事場へと飛び立っていくのです。いつもの合い言葉を交わしながら——。

「いい一日を！（ボン・ジョルネ〈Bonne journée !〉）」

「ありがとう。あなたもね！」

テンポとリズムを大切に生きるパリジェンヌは、振る舞い方の「エレガンス」とその「切れ味」で、人の印象を決めます。カフェのギャルソンは、なじみの客のたたずまいを一瞥《いちべつ》しただけで、その日の調子を見抜き、最もふさわしい「ひとこと」をさし向けることができる、もてなしのプロフェッショナル。

パリという〝壮大なテアトル〟では、磨き抜いた技を、絶妙のタイミングで発揮し、パリジャン＆パリジェンヌの人生に彩りを添えるプロフェッショナルが、街の随所で待ち構えています。空が曇りがちになるほどに、彼らの技がきらりと光るシーンが、街のあちらこちらで、繰り広げられていくのです。

# ロンシャン競馬場のエレガンス

十月第一週のパリの日曜日には、日本でもよく知られる競馬の凱旋門賞《がいせんもんしょう》〈Le Prix de l'Arc de Triomphe〉が、十六区のブーローニュの森の中にある、ロンシャン競馬場（＊1）で開催されます。パリの秋は駆け足でやってくるので、毎年この時期には、装いもぐんとシックに。そしてこのあたりから、森の樹々も、おしゃれに色彩をまとい始めるのです。注目は、話題の競走馬のコンディションばかりではありません。秋恒例の社交行事の楽しみは、セレブリティーのゲストや馬主ファミリーのハイ・ファッション。帽子からお洋服、靴や小物まで、「テーマ」を想わせるストーリー性のあるおしゃれは、パリマダムが最も得意とするもの。楽しみは、お支度段階から始まっています。

こうした場所では、街では見かけないような深窓の夫人や、各界の著名人と居合わせることも多く、素敵な逸話に事欠きません。ある時、「エレガンスとは、こういうことではないかしら」と感じた、凱旋門賞の日のロンシャン競馬場でのお話をしましょう。

あの日、私たちの一列前の観客席に、四十代半ばのパパと、いかにもママの美しさが偲《しの》ばれる美しい少年が、スタイリッシュな紺のジャケット姿で仲良く並んで座っていました。親子水入らずの観戦らしく、父親は場内で購入したロンシャン競馬場の帽子を楽しげにふたつ持っています。ひとつを自分でかぶり、もうひとつを、まさに息子に手渡そうとしているところでした。そこへ、きょろきょろしながら、息子と同年代くらいのシャイな少年が、戸惑いながら、人混みをかき分けながらやってきました。小さいながら、彼もスマートにジャケットを着用、典型的なロンシャン・スタイルです。ＶＩＰ席はすでに人があふれ、子供でも入り込める隙間などありません。

「あれ～、トマだ！」

息子が思わず声を上げると、自分の名を呼ばれた少年が振り返りました。場内は、すでに歓声が最高潮に達し、ショーの開始を待ちかねています。父親は少年に声をかけます。

「こんにちは、トマ！　ご両親はどうしたの？」

「こんにちは。それが……見つからないんです。待ち合わせはここのはずなんですが」

消え入るような声で、なんとか答える少年。すると、

「それなら、トマ、こっちにおいで！」

父親は立ち上がって手を差し出し、即座に少年を、自分たちの席に招き入れます。父親の咄嗟《とっさ》のイニシアティヴを、あっけにとられて見つめる息子。ぎゅうぎゅうに詰めながら、なんとか三人で、二人分の席に収まりました。パパと二人で楽しむはずの競馬観戦に、突然、顔見知りの同級生が舞い込んで、複雑な表情の息子。父親は、気後れする少年の肩を強く抱き、わが息子には熱いキスを。レースの開始に向けて、彼らのヴォルテージを上げ

ようと促します。さぁ、いよいよスタートです！

満を持して「ショー」が始まると、速いペースで、〝ロンシャン時間〟は進行していきます。一レースごとに、階下では、これから出走する競走馬が、調教師に引かれてパドックをまわり、観客は、馬の状態を間近で見ることができます。少年たちも、下に馬を見に降りては、急いでVIP席に駆け上がってきてレースを観戦。このロンシャンの観戦システムを把握するころには、少年たちも肩を組み合って、大声の限りで観戦します。

「やったぁ〜！　僕が買った馬が一等賞だ〜！」

少年たちの頬が薔薇《ばら》色に上気すると、父親はホッと胸をなでおろします。観戦用の帽子もいつのまにか脱いで、息子用に用意したものと重ねて、足元に押し込みます。

親子水入らずの機会は、ありそうでなかなかない珠玉の時間。ちょっとしたハプニングから、思いがけず「三人観戦」となったこの日でしたが、父親のスマートな振る舞いは、少年たちのハートに、「エレガンスの蕾《つぼみ》」を授けたのではないかしら……。

ロンシャンの日を存分に楽しんだ二人の少年は、いつか大人になったとき、少年のパパがさりげなく見せてくれたエレガンスを、今度は自然に、だれかに振る舞うことができるでしょう。育つ環境で培われる、エレガンスの継承、レッスンです。

大きなロンシャンの空をバックに、華やかに繰り広げられたレース。そしてそのパパと少年たちのひとときの様子を眺めながら、私たちも、すっかりくつろいだ午後でした。

それにしても、パリに住むまで、空がこんなにも、豊かな芸術表現のキャンバスだったなんて思いもよらなかった。目の前のことに向き合うあまり、すっかり忘れかけていた次元が異なるほどの深い奥行きや、あっと息をのむ広大なボリューム感。見上げれば空はいつもそこにあって、心を解き放ち、キラキラした何かを授けてくれるのです。

空との「対話」につい夢中になって、思わず天空に吸い込まれそうに――。気づけば、目の前のことに近視眼的に向き合う、余裕のないハートは跡形もなく消えていて、日常の情景が、艶やかによみがえるのです。

## 初めて夕暮れのパリ十六区を歩いたころ

色彩や高さといった建物の外観に規制が定められているパリの街並みは、どこに行っても、どのアングルから見ても美しく、道行く人々も、パリの風景の一部であることを意識しているかのように、美しいたたずまいで足早に通り過ぎます。十六区の街を初めて歩いたのは、小学生のときのこと。客員としてパリの大学に招かれた父。上に続く学校に通う私を思い、単身での赴任を決めた彼を、休暇に母と訪ねたときのことでした。

東京では静かな住宅街の家に住んでいたので、街の中心にほど近い、パリ十六区の「アパルトマン」という、華やかな鉄飾りの装飾が施された、美しい石造りの集合住宅が、とても魅惑的に感じられたことを覚えています。

夕暮れに、両親と十六区の瀟洒《しょうしゃ》な街並みを歩きながら、大きな通りの両側に並ぶオスマン調の美しい建物の窓に、明かりがぱらぱらと灯っていくのが見えました。窓辺のたたずまいの、なんともいえないエレガントな様子から、あの奥でいったいどんな暮らしが営まれているのかしら?と、想像をふくらませていました。

普段はほとんど、音が漏れてこない静寂さゆえに、奥で繰り広げられている華麗な暮らしが、宝石箱に大切にしまわれたジュエリーのように、特別なきらめきを持っているように感じられたのです。同時に、シャイな父が普段はたった一人で、この優雅な夕景の中、どんな心持ちで家路についているのかしら?と、ちょっぴり心配にもなったものでした。

滞在中のある晩、両親は、フランス人の教授仲間のお宅のソワレにお呼ばれして、やや緊張し、ひとしきり身繕いして出かけていきました。そしてこういうとき、子供はNG!パリでは昔もいまも、大人の社交の場では、子供は完全にシャットアウトなのです。

夜が深まってから、その日私が預けられていた父の友人宅に迎えにやってきた両親は、なんとなく「私の知らない一組のカップル」に見えました。なぜそう思ったのかわかりませんし、休暇で訪れたパリでの「仲間はずれ」は、どうにも面白くなかったけれど、それでも父と母のその晩のたたずまいから、パリという街の「おしゃれな大人のしきたり」がなぜか特別なものに思えたのです。先日そんな話を母にすると、「あら、そうだったぁ?」と、人ごとのようにほほえむばかりでしたが。

## アパルトマンのテラスが物語るもの

いまもパリで、方角を確かめるために無意識に探してしまうエッフェル塔。初めてパリに来たこのときも、その後何度か旅したときも、そしてパリに住まうようになった現在も、どこかに出かけてパリに戻ってきたとき、エッフェル塔の姿が見えてくると、「ああ、パリに戻ってきたんだなぁ」と思わずホッとする、私のパリの〝アイコン〟になりました。

当時の父の十六区の住まいからも、エッフェル塔が望めて、その手前には、通りの向かいのアパルトマンの洒脱なテラスがいくつも見えました。

ちょうど目線が同じくらいのアパルトマンでは、季節のいい時期にはテラスで食事をとるのか、アール・ヌーヴォー調のアイアン(鉄製)の屋外用のテーブルセットが設《しつら》えられ、その脇には、大きな、いささかドラマティックな植物ポットも置かれていました。時折、テラスに植物の水やりに出てくる女主人がまとう、当時流行だったソニア・リキエルのものらしいロングカーディガンのシルエットと相まって、彼女が自宅でプロデュースしている上質な暮らしを、うかがい知ることができました。

「あの窓からこちらまでが一軒のお宅よね。あちらのマダムのお部屋には、きっとロマンティシズムがあふれているでしょうね」

そんな母の言葉を聞いて、ふと視線を移してみると、まるでお芝居の一シーンのように、マダムたちの〝美の演出〟の競演が、見てとれるのでした。

## 十六区マダムの洗礼

当時母に連れられて訪れた、十六区マダムの館では、ボワズリー（木彫りの壁）にバカラのシャンデリア、絹張りのルイ十六世調のクラシカルな応接セットといった、伝統的なパリ十六区のお宅のインテリアを目の当たりにしました。そこには、マダムの美意識で、モダニズムの家具やインテリア小物がひとつひとつ吟味して加えられ、クラシシズムと時代のモデルニテ（現代性）が調和した、極めつきに洒脱な空間が創り出されていたのです。

彼女の装いも、当時流行していたピエール・カルダンのオレンジのワンピースで、クラシックなアパルトマンに、ポップな感性が逆に映えて、「正統的」に思えた記憶があります。

便利さでは東京には及びもつかない当時のパリでしたが、人々が醸し出す「エレガンス」

というものが、光をまとうようで、輝いて感じられたのです。

この休暇中、毎朝、焼きたてのバゲットやクロワッサンを、アパルトマンのすぐ脇のブーロンジュリーに買いに行くのが、小さなマドモワゼルだった私の役目でした。

"Bonjour Madame. Une baguette, s'il vous plaît!"

「ボンジュール、マダム、バゲットを一本ください！」

判で押したようなこの台詞《せりふ》を覚えて、毎朝出かけていった十六区のブーロンジュリーでは、時折、エクレアやショーソン・オー・ポム（リンゴを包み込んだパイ生地のペストリー）を振る舞われ、すっかりパン屋さん通いが大好きになっていました。

老舗のこのブーロンジュリーでは、朝のさりげないエレガンスが香る、綺羅星《きらぼし》のような十六区マダムたちにたくさん遭遇しました。肌寒い時期なのに、アパルトマンの室内では暖房がかなりきいているのか、半袖のワンピースにコートをぱらっとまとい、バレリン・シューズ姿の彼女たち。明るくあいさつと会話を交わしては、焼きたてのパンを抱えて、足早に朝食のテーブルへと舞い戻っていきます。

彼女たちの手首に重ねづけされたゴールドやシルバーのブレスレットは、たいてい愛する人やご家族からの贈り物です。そういえば、パリのマダムたちのジャケットの袖丈は、いまも昔も手首の付け根の骨のところ。日本の袖丈が「親指の第一関節のあたり」であるのに比べると、ずっと短めですから、パリマダムにとってブレスレットが、より存在感のあるアクセサリーであるのもうなずけます。また当時から印象的なのは、十六区マダムの手元。爪はたいてい短くととのえられ、乳白色か、真っ赤なマニキュアが施されていて、指の「はら」で、ふんわりとバゲットを持つ手元が、とても上品だったのです。

どんなに朝早くても、たとえ自宅から一、二分のパン屋さんへも、薄化粧とほほえみを欠かさずやってくる彼女たち。エルメスのスカーフやカシミアのショールといった装身具ばかりでなく、彼女たちは、目には見えない〝ひとひらのエレガンス〟をまとっていて、軽やかな身のこなしが、上質な暮らしを感じさせるのでした。毎朝のそんな情景を見るにつけても、「パリでマダムになっていく」ことは素敵なことに思えたのです。

そういえば、パリジェンヌにとって、「マドモワゼル」から「マダム」になるのは簡単ではありません。パートナーがいること、また年を重ねているだけでは、システマティックに「マダム」にはなれません。ある種の風格というか落ち着き、自信に裏付けられる、たたずまいがあってこそ、初めて、知らない人からもこの敬称で呼んでもらえるのです。

ここに描いたパリマダムの印象は、その真髄において、いまも変わっていません。初めてのパリで、子供時代に経験した「エレガンス」とは、装いの華やかさなどではなく、心持ちや笑顔、立ち居振る舞いといった、その人全体から立ちのぼる「空気感」。しかもそれが、ほんのり香り出ることではないかしら、と思ったのです。これは、あるたおやかな「印象」となって、私の中にいまも変わらずあるものなのです。

## パリジェンヌにとって一番大切な人は？

ではパリジェンヌは、だれの前で一番素敵でありたいと願うのか？　それは迷うことなく、「パートナー」です。女友達、仕事関係の人々、社交界のお仲間にも、素敵な存在でありたいと願います。でもなんといっても、パートナーの目に魅力的に映るよう、全身全霊をかけて努力をします。これがパリジェンヌの美意識であり、絶対的な価値観です。

家庭を持てば、子供たちはなにより大事で、愛情の限りを注ぎ込んで慈しみますが、いつかは、よきパートナーを得て独立していく存在であると、理性で心に刻んでいるところがあります（多少、個人差があるかもしれませんが……）。

人生の最後のゴールの瞬間まで、手と手を取り合って一緒に走り抜ける人は（途中、チェンジがあったとしても）、まぎれもなく、ともに年月を重ねていく「パートナー」であるということを、どこか運命的に確信しているのです。ほとんどのパリジェンヌが仕事を持つ現代にあって、互いをもり立て、試練を乗り越えて守り合い、社会のなかで、それぞれの分野で、際立った存在となっていくことを、一心に目指して生きていくのです。

## メゾンは、人生の「舞台」

そうなると、人生の一番の「舞台《ステージ》」は、自宅、つまり「メゾン」です。メゾンは、自分の〝背景〟となる場所。インティメイト（親密）な存在であるパートナーや愛する家族と快適に時を重ね、しかも、皆が心地よく、素敵に映える、美しい空間であれば最高です。パリではマダムが、伝統的にそのプロデュースを担当。カップルの美意識を映しながら、絵を描きこむように、メゾンのデコレーションを手掛けるのです。ですからパリの空の下には、ドラマティックなまでに美しい暮らしが無数に存在するのです。

石造りのパリのアパルトマンは、日本の住宅に比べると天井もぐっと高く、デコレーションのしがいのある空間です。そしてパリジャン＆パリジェンヌにとって、美的かつ文化的な、自己表現の一番のステージであるメゾンは、家族にとって「思い出の情景」として一生ものの感性を育み、年月が過ぎ去っても、心に息づくものなのです。

ファッションは、ブランドなどの「アイテム」からコーディネイトされますので、偶然、同じ服装、同じ宝飾の人とパーティーなどで鉢合わせて気まずい想いをすることもありうる時代。一方「メゾン」は、持ち主の美的な感性を映しながら創り上げる、世界にひとつだけのクリエーション。人生最高の「マスターピース（傑作）」というわけです。

こうした私的な空間に客人を招けば、説明しなくても、自分がおおよそどんなものを好み、どんな人間なのかを、無言のうちにプレゼンテーションできます。また好きなモノばかりに囲まれた快適な空間で、相手と打ち解けて会話を重ねれば、外で束の間、会食をともにするより、何倍も深く、交友を紡ぐことができます。家に呼び合うこの社交習慣こそが、パリの「メゾン」を、魅惑的で豊かに洗練させてきた大きな理由だと思うのです。

## 素敵なメゾンを創り出すのは、女性のたしなみ

「メゾン」を、人生の大切な「舞台」と決めて、自らの美意識、パワー、そして幸運を注ぎ込んでいくのは、パリのマダムの役目。年を重ねるごとに研ぎ澄まされ、ぐんぐん洗練されていくメゾンは、彼女たちの人生と、どこかリンクしています。

マリアンヌは、五十代後半の女性。十六区のパッシー通りの一本後ろを平行に走る、レヌアール通りの、高級アパルトマンに住む典型的な十六区マダム。オルセー美術館（＊2）のヴェルニサージュ〈vernissage〉で紹介され、ピカソ美術館（＊3）やリュクサンブール美術館（＊4）のソワレで再会して、ご自宅にお招きを受けるようになって以来、どんどん親しくなった女性です。ご子息二人を育て上げ、ご主人とシックなアパルトマンで暮らす

彼女は、美しいものを愛《め》でるのが大好き。最新スポットでのランチや、チャリティーでご一緒したり、共通の友人宅のソワレでもお会いしますが、彼女の魅力が最も引き立つのは、ご自宅のサロン（客間）です。

地中海の蒼を思わせる彼女の瞳と「シャタン」といわれる栗色の髪、白い肌が映える、深いモスグリーンのシックな壁と、上品なマット・ゴールドが施されたインテリア。専門家の手によるライティングと、モダンでシックなカナペ（長椅子ソファ）など、上級のコーディネーターの技が光り、さらに昨今の注目アイテム、グラフィカルでカラフルな絨毯《じゅうたん》が、空間をぐっと現代的に、ドラマティックにまとめています。さらにご夫妻で長年収集するモダンとクラシックの調度品の数々が、空間を一層洗練されたものにしています。

これが、パリ的装飾様式として知られる、エクレクティズム（折衷主義）。パリは戦争で一度も焼失していない街なので、ルイ十六世時代の椅子やアール・デコ調のテーブル、コンテンポラリーなカナペが、ひとつの空間に共存することもありうるというわけです。

自分の〝人生における居場所〟を決めて、舞台となるメゾンを、オーナーならではの洗練された美感で創り上げるということ。丁寧に人生の時を重ねながら、メゾンも次第にその完成度を上げ、生涯をかけた大傑作が完成に近づきます。しかも遊びに伺うたびに、微妙に変化していく彼らのサロンは、まさに現在進行形のオーナーの感性を映し出していて、ロマンと人生の充実を思わせ、それにほんのり詩情を感じさせる空間なのです。

# 装い、暮らし、おもてなしのすべてを究める

街に出ると、決まってデコラシオンのブティックに立ち寄るのがパリの女性たち。家《メゾン》は、自己表現の「キャンバス」ですから、「家に連れて帰ってファミリーのメンバーに加える」ような、メゾン関連のおしゃれなアイテムには、常にアンテナを張っています。

デコラシオンのお店には、ファッション関連のブティックより、素敵な女性が多く訪れているように感じます。しかもその装いは、旬な感性をまといつつも、むしろタイムレスで、色彩やフォルムが洗練されていて美しいというのが、共通のように思います。

「ねえ、あのマダム、いったいどんな素敵なお宅にお住まいなのかしらね」

彼女自身もエレガントなオテル・パティキュリエ（邸宅）の女主人である友人のパスカルが、声を潜めて囁《ささや》いてきます。パリ八区、モンテーニュ通りのディオール本店（*5）でのこと。私の大好きな、メゾン関連の「ディオール メゾン」のコーナーです。

エルメスのクラシカルなジャケットに、乗馬パンツ、ソフトなオレンジのポロシャツ襟のカシミアニットという装いの、四十代後半のエレガントな女性。彼女は、温かいスープをサーブする際に使う、ディオールの陶器セットを、真剣に見立てている様子でした。

私たちと視線が合うと、ほほえんで話しかけてきました。知らない者どうしでも感性が合いそうと直感すると、言葉を交わし、アドバイスを求め合うことも珍しくないのです。

老舗のデコレーション・コーナーには、魅惑的なパリジェンヌがやってきます。ディオールの「メゾン・コーナー」や、以前モンテーニュ通りのニナ・リッチの地下にあった伝説のデコレーション・ショップでは、メゾンの格を上げるような、ロマンティックなフォトフレーム、エレガントなゴブレットやカラフ（ワインや水を入れるガラス製の水差し）などの逸品と出会えるから。社交や仕事の場で素敵なご縁となった友人たちと、知り合う契機となったのが、こうした〝パワースポット〟。メゾンを素敵に演出する才のある女性たちは、〝人生も素敵にデザインする〟力を持ち合わせているのでしょうね。

そんなマダムが多く住まう十六区には、洒脱なデコラシオン・ブティックも多数。オーナーマダムの優れた美意識でセレクトしたアイテムばかりが飾られるブティックは、優雅なお仕事場として、パリジェンヌの憧れでもあり、訪れるだけでわくわくします。マダムの助言はきまって、抜群にセンスがよく、思いがけないエスプリを授けてくれるのです。

ただ近年は、日本にも進出した「ザラ ホーム〈ZARA HOME〉」などの影響で、パリマダムの生活術を生かした個人ブティックはめっきり減りました。それでも日常を気軽に彩るカジュアルなプロダクトを、安価で世に送り出すザラ ホームなどの成功は、多くの人が、美的な暮らしを容易に実現できるうえに、以前のように足を棒にしてアイテムを探し回る手間が省けると、パリの友人たちは一様に歓迎しています。一方で、生活術に長《た》けた先輩マダムとの、エスプリの利いた会話が恋しくもありますが……。

才能のある女性たちが、ほとんど仕事に就くいまのパリ。コストとクオリティの関係に常に厳しい目をもつパリジェンヌたちは、クオリティ至上の高級なものと、便利に普段使いできるものを適宜に組み合わせています。ファスト・ファッションならぬファスト・デコラシオンも、「リュクスのデモクラシー」と取り沙汰されるように、だれもが、美的生活にアクセスできる点で役割が大きく、社会のありようにも、インパクトがあると思います。

素敵なモノを〝持っていること〟がリュクスなのではなく、それを活用して〝心豊かに過ごせる時間〟こそがリュクスなのだということを、いまさらのように感じています。

## 客人を家に招く日の段取りは？

パリでは、客人を自宅に招いて「ディナーをもてなす」という社交習慣がとても大切にされているとお話しました。呼んで・呼ばれてを繰り返すうちに、生活術はどんどん磨かれていきます。「家に招くこと」は、フランス語で「ルスヴォワール〈recevoir〉」という言葉で表されるように、「客人を迎え入れる」という意味からきています。

日本へのオリンピック招致活動のときに話題になった「おもてなし」。この言葉はむしろ、フランスのほうが先進的では?と私は感じています。「もてなす」とは、食事や飲み物を振る舞うだけではなく、自分のテリトリーに正式にゲストを招き入れ、自らの美意識を映し出す自宅や暮らしをご披露する、つまりプレゼンテーションする機会なのです。

「ソワレ(客人を招いたディナー)」の準備は、だいたい次のように進めていきます。

招く側は、まず日取りを決め、趣向や会話の広がりを想像しながら、ゲストの顔ぶれを注意深く考えます。たいてい三組から五組くらいまでのカップル単位でお招きし、職業、趣味、嗜好などデリケートに配慮し、座席を決めます。初めてのゲストは別ですが、通常はパートナーとも離して席を配します。常に新しい顔ぶれを加えて、話題をリフレッシュさせることも忘れません。ここまでが、まずソワレの成否を決める、大事なポイントです。

メンバーの顔ぶれを受けて、会食のテーマを決めたら、メニュー選びをします。次に、クロスや食器、カトラリーをそろえながらテーブル・デザインを決めます。サロンに掛ける絵画を選び、家族の写真など、最近のものを加えてアップデートを試みます。メニューに合わせて、シャンパンや食前酒、食後酒を用意し、シガーを準備するのは主人の役割。また、高級なお肉料理は、当主自ら、ナイフで切り分けてサーブすることもあります。

さて当日、ゲストが到着し始めると、主人がアペリティフ〈apéritif〉(食前酒)を振る舞います。カクテルタイムはまだテーブルに着かずに新しいゲストどうしを引き合わせます。全身のファッションを〝魅せ合う〟時間なので、きれいな立ち姿が肝要です。

ホストやホステス役は、どちらかといえば会話の契機だけをつくっては、次のゲストの輪へと移動し、全体の雰囲気をととのえながら盛り上げていくことに努めます。

客人がそろうと、食堂に移動し、招く側が決めておいた席につきます。たいてい大きなお皿で料理が振る舞われ、ゲストは好きな量だけ、手元のお皿に取り分けていただきます。

ここで大事なのは、〝les Bonnes manières à table〟といわれるテーブル・マナー。背筋を伸ばして美しい姿勢で、自分のお皿に取り分けた料理は残さずにいただく、パンは手でちぎって口に運ぶ、口にモノが入っている間はしゃべらない、などの基本的なことから、カトラリーの順番まで、さまざまにあります。楽しく会食することが一番ですから、神経質になりすぎることはありませんが、フランス人は、テーブル・マナーで人を評価するところがあり、非常に重要視します。押さえておきたい大切なポイントです。

ワインをいただきながらディナーは展開し、夜をゆっくり過ごしていきます。話は広がりを見せ、デザートのころには深夜近くになります。会食の一番の中心は「会話」。グルメの会でもない限り、ソワレの目的は、なんといっても出会いと語らいです。パリの食事会では、ほほえんでいるだけで会話に参加できないと、魅力的な存在とは映りません。

さて女主人は、ソワレの〝華〟なので、お料理をサーブするのに席を立ったとしても、すみやかに戻り、テーブル全体の会話に気を配り、常に中心にいる必要があります。キッチンにかかりきりでテーブルをお留守にするなどは、招く側が一番してはいけないことです。

女主人の当夜のドレスは？といえば、サロンを舞ってゲストどうしをお引き合わせするので、着飾るというよりは、心地よく華がある、軽やかなエレガンスを心がけます。当主も、アペリティフをサーブするなど役目が多いので、スマートで軽快なものが相応です。

デザートがすむと、サロンに場所を移してコーヒーを振る舞いますが、これは女主人の役割。そこからホストによって食後酒やシガーが振る舞われ、会話が続いていきます。そして深夜をまわっても、ゲストがくつろいで残っていたら、今宵のソワレは成功です！

ソワレは、単調になりがちなカップルや家族の日常に、心地よい緊張感をもたらす、パリが伝統的に培ってきた「アール・ド・ヴィーヴル（美的生活術）」といえます。明るく和やかなソワレは、皆から愛され、良い〝気〟が満ちています。木曜日に開かれることが多く、美容院やフロリストも混み合います。こうして人が集うと、振る舞いとしてのエレガンスが、ジュエリー以上に人をきらりと引き立たせる場面に、数多く遭遇するのです。

## エレガンスの「ちから」と、パリ気質

あるとき、いつも何かと混み合うブランド街、フォーブル・サントノーレ通りをクルマ

で移動中、もうすぐエルメス本店、というところまで来て、クルマが止まったまま動きません。私はヴァンドーム広場のオテル・リッツ（当時の名称。現在はリッツ パリ）でインタヴューの約束があり、かなり早めに出ていたので、気持ちに余裕はありましたが、それでも、時計の針をにらみ、次第にやきもきし始めました。

この通りはフランス大統領府である、エリゼ宮の前を通るため、政府の賓客の来訪時など、予期せぬ通行規制がかかることも多い「危険な道」です。しかも一方通行で、ひとたびこの通りに入ってしまうと、どんなに渋滞しても逃れる有効な抜け道がないのです。はじめ遠慮がちに鳴り始めたクラクションも、次第にオーケストラともいえる大音響に！そのうちドライバーたちも、窓から顔や手を出したり、クルマから降りたりして、「いったいどうなっているんだ！」とジェスチャーでアピール。中には問題の原因を突き止めるため、数メートル先まで駆けていく人までいました。

するとほどなく、エルメスのフォーブル・サントノーレブティックあたりから、深紅のフードつきのロング・マントをまとったブロンドの女性が急ぎ足で出てきたのです。まるで映画のシーンのようなうっとりする美しい光景でした。彼女は通りを渡りながら、中ほどまで来ると、突然くるりと後続渋滞のほうに振り返り、大きく手をまわして「ごめんなさい！」と舞台のカーテンコールのようなポーズをとり、次の瞬間、再びマントを翻して、足早に大きな黒のリムジンの中に消え、クルマは猛スピードで発進していきました。女優のシャロン・ストーンでした。この一瞬の、ちょっと素敵なパリらしい出来事に、先ほどまで怒声を上げていた人々もはっとし、場の空気がぴたりと止まりました。

シャロンの、年を重ねてますます魅惑的な姿と、エレガントで堂々とした振る舞いに、居合わせたすべての人々が魅了されたのです。渋滞の長いサスペンスは、意外にも、シャロンの一瞬のショーであっけない幕切れを迎えました。場のストレスは即座に消え去り、皆なんとなく、ちょっと得をしたような気持ちになって、次の瞬間にはハンドルを握り直し、思い思いの目的地に向けてスピードを上げて散っていきました。

パリではこうしたことがよくあります。そしていつも思うのは、エレガンスには、「ちから」があるということ。形としては見えないけれど、大きなちからがあることを、パリはいつも教えてくれるのです。

（＊1）ロンシャン競馬場〈Hippodrome de Longchamp〉2 Route des Tribunes 75016 Paris
（＊2）オルセー美術館〈Musée d'Orsay〉1 Rue de la Légion d'Honneur 75007 Paris
（＊3）ピカソ美術館〈Musée national Picasso-Paris〉5 rue de Thorigny 75003 Paris
（＊4）リュクサンブール美術館〈Musée du Luxembourg〉19 Rue de Vaugirard 75006 Paris
（＊5）クリスチャン ディオール〈DIOR-PARIS MONTAIGNE〉30 Avenue Montaigne 75008 Paris

# Novembre

11月——晩秋の夜のお出かけ「ソルティーユ」

# 晩秋のパリの風景

十一月のパリは、月末近くになると朝八時半過ぎまで真っ暗で、「闇」から一日がスタートという、ちょっときつい時期にあたります。稀に好天に恵まれる年もあるのですが、たいてい底冷えがする寒さのうえに天から重く圧《お》し掛かる灰色の雲は、パリの住人たちの心に影を落とします。ビタミンDを処方してもらいたいと、青白い顔のパリジェンヌたちがドクターのもとを訪れ、心理カウンセラーは大忙しです。たとえ数日だけでも、太陽を求めて南の島へ！と逃飛行したい気分になります。こうした衝動は、東京に住んでいたころには味わったことがない、ちょっと緊迫感のある、「光」を希求する気持ちなのです。

それでもこの時期のパリは、街路樹が際立って美しいとき。セーヌ河畔をクルマで走ると、思い思いの色をまとった樹々の葉が、ぱらぱらとフロントガラスに舞ってきて、郷愁を誘う光景が目に飛び込んできます。どこを見ても情感を揺さぶられる晩秋のパリ。夕刻前には陽もすっかり落ちて、一日の第二部、長い夜がやってくるのです。

そしてここから、パリが、一番パリらしくなっていくとき――。寒さが厳しさを増すほどに、この街で繰り広げられる文化的なイベントが活気づき、同時に、マダムたちの装いは一層エレガントに、最も華やいでくるシーズンなのです。

十六区の住まいから毎日眺めるエッフェル塔には、夕刻から毎時約五分間、ダイヤモンドのかけらが駆けめぐるように瞬《またた》く、繊細なイルミネーションが施されています。パリの大きな夜空にそびえ立つその姿は、外気の冷たさに映えて一段と美しくなってきます。夜になると、こんな〝ジュエリー〟をまとうなんて、パリはやっぱりおしゃれな街！

## 暗闇の中で「光」を見出して！

晩秋のアンニュイな気分を吹き飛ばそうとするのか、伝統的にこのころから、パリのナイトライフが本格的に華やかになってきます。

大切な友人を招いて、おもてなしを楽しむ習慣もますます盛んに行われますし、一方で舞踏会やさまざまな公式のソワレなど、社交行事も本格的に開催されます。一口に舞踏会と言っても、内容はさまざまです。いわゆる名門名家のマドモワゼルが社交界にデビューするパリのデビュタント・バル〈le bal des débutantes〉もあれば、チャリティー舞踏会や、あまり公には報じられませんが、個人の邸宅で催されるプライベートの夜会もあります。

芸術の秋も本番を迎え、オペラや観劇、バレエ、コンサートなどがハイシーズンを迎えます。また、オークションなどのアート・ビジネスも最高潮の盛り上がりを見せるのです。

美術館や画廊が開催する企画展のオープニング・カクテルである「ヴェルニサージュ」は年間を通して開催されますが、晩秋には、中でも趣のあるプログラムが催されます。

一方、ちょっと手間をかけただけの、何気ないことも、日常の「光」になります。気のおけない学生仲間で、思い立ってにわか仕立ての会食会を催したり、夕闇迫るサンジェルマン・デ・プレの「カフェ・ドゥ・フロール（＊1）」などで、仕事帰りにひとときワイングラスを傾けたり、夕刻に仲間とちょっとシャンパンを楽しむためだけに、さっと身繕いして集う、さりげないカクテルタイムもあります。また、「日曜日にお菓子を焼くので、午後の三時から六時くらいまで、いつでも立ち寄ってね！」なんていう、オープンハウス形式のリラックスしたお招きも。楽しい時間はいかようにも編み出せて、自分の中の生命のきらめきみたいなものを輝かせることができるのです。

晩秋のあらゆるランデヴー〈rendez-vous〉（お約束）で手帳《アジェンダ》はあっという間にいっぱいになります。ページをめくると、時のきらめきが〝パウダー〟となって舞うようです。

いつも思うのですが、人間は、太陽になかなか会えないような、ちょっときつい自然環境に見舞われているときでも、生活の中に、必ず「光」となる喜びを見出し、それをエネルギーにして生きることができるのですね。パリの人々は、日常生活のなかの、さりげないことを捉えて、それを巧みに〝楽しみ〟に仕立てていきます。心華やぐ時間を創り出すことに長けた、生活術の上級者だなぁと、いつも感心させられるのです。

非日常が素晴らしいのはいってみれば当たり前。でも日常のひとつひとつを、できれば綺羅星のごとく輝かせられたら、それはもっと！素敵なことだと思うのです。

## ロダン美術館の「光」に包まれるとき

セーヌ左岸にあるロダン美術館（＊2）を、学生時代から今に至るまで、よくふらりと訪れます。週末に私たちが陽光を浴びながらランチを楽しむカフェ・レストラン「レスプラナード（＊3）」が近くにあり、季節がいい折はぶらぶら、そぞろ歩きしながら立ち寄ります。

ロダン美術館の建物は、もともとはビロン邸といわれる十八世紀に建造されたロカイユ様式の美しい邸宅で、二十世紀初頭にはジャン・コクトーやアンリ・マティス、ダンサーのイサドラ・ダンカンなどがここに間借りして住んでいたところ。一九〇八年からロダンも加わり、その後、晩年の十年間はアトリエとしても使い、この館に暮らしたのです。一九一一年にフランス政府が、この邸宅を買い取ることになったとき、自己の作品および所蔵コレクションを国家に寄贈することを条件に、ロダンが自身の美術館として残すことを提案、彼の死後一九一九年に開館したものです。

ロダン美術館の魅力のひとつに、素晴らしいフランス式庭園があります。かねてよりパリコレなどでも、一流ブランドのショー会場として何度も選ばれ、パリらしいインスピレーションが宿る、黄金のアドレスとして知られています。

ここに私が足を運ぶのは、ロダンの作品を繰り返し鑑賞するためというより、むしろ、この美術館に、ほんのひとときたたずむため――。

視界がぱっと開けた広い庭園を眺めながら、ロダンが作品を制作していたときに降り注いでいたであろう光や風に触れて、遠い日の「場の記憶」に静かに耳を傾けたいからです。もしかしたらロダンばかりでなく、当時パリに住んでいた芸術家や小説家の思索にまで、想いを馳《は》せることができるような、そんな気がするのです。この美術館はセーヌ左岸の七区の官庁街の傍らにあるので、平日の昼休みなどにやってきて、ちょっぴり魂を休めるパリジャン&パリジェンヌも珍しくありません。

少し歩けば、街の中に穏やかなたたずまいの美術館があり、ふらりと訪れてはしばし時を忘れて、時空自在の境地（今いる時間や空間から自由に解放された心持ち）になることができます。これもパリの日常が持つ、素晴らしい幸運なのだと思います。

## 「ソルティーユ」という楽しみ

家に閉じこもっていないで「楽しく外出する」というニュアンスのあるフランス語「ソルティーユ〈sortir〉」。出かける、デートする、観劇に行くなどを意味します。この言葉は、天候がすぐれない晩秋のパリの、華やかなナイトライフをシンボリックに説明していると感じます。そして出かける意義は、目的地に向かう「行きすがら」にもあるのです。

たとえば、ホテルのラウンジでくつろぐ素敵なマダムが羽織っていたバーガンディー色のカーディガン、カフェで隣合わせたマドモワゼルが抱えていたラベンダー色の花のブーケ、それに、さっきすれ違った初老の紳士のマホガニー色のコートのシルエット。それらみんな、家を出る前には私のマインドの中になかった、街で出会ったフレッシュな美のコンセプトです。そんな新鮮なインスピレーションをキャッチして、自身の美的パレットに加えるだけで、私の中の何かが変わる——。それが、ちょっと大げさですが、いまの「時代」とのインターラクション〈interaction〉〈対話や関わり合い〉です。パリの街には、選りすぐりの〝美のコンセプト〟や、貴重な〝気のデザイン〟が飛び交っているのです。

自分の美意識やスタイルがしっかり確立していて変わることがない、というのもひとつの個性で素敵かもしれません。でも、これだけたくさんの人が同時代を生きているのだから、お互いの視野や感性が触れ合い、響き合うことは、人生を何倍にも豊かにしてくれます。それは「マインドを開く」ということだと思います。

気持ちのいいカフェのテラスで、パリマダムが一人、気持ちよさそうにアペリティフを楽しんでいるのをよく見かけます。それはきっと、マインドを開いて、時代のさまざまなインスピレーションを、胸いっぱいに吸い込んでいるときだと思うのです。

## エレガンスがくれる「翼」

仕事で素晴らしい方々にお会いできる幸運に恵まれていますが、年齢に関係なく、天職を見出し、全身全霊で打ち込んでいらっしゃる方々には、お会いした瞬間、体の中枢から発せられる強いオーラが感じられます。繊細で美しい外見の方であっても、年月を重ねつつ、ひとつの世界を究めた方には、すべてを克服した、魂の強さと輝きが息づいているのです。ただそれは、光の粒のような、キラキラしたものに包まれていて、おいそれとは外に表されません。ほのかに香り立ってくるもの、それがエレガンスだと思います。

一方で、パリの街に出ると、思いがけない「エレガンス」に遭遇できることがあります。それは、私たちに「翼」を授けてくれます。先輩マダムの美しいたたずまいや、紳士がしてくださるエレガントな振る舞いは、私たちを日常の縛りから瞬時に解き放って、晴れやかに羽ばたかせてくれるのです。

ひとつのエレガンスは、別のエレガンスを生み出します。それはほほえみも同じ。意味のないニヤニヤは気持ち悪いけれど、人が心から発するほほえみは、人の心に固く閉じたままの蕾をふっとほころばせるものです。パリの街では、この無言のコミュニケーションが、意外にも人と人をつなぐことがままあるのです。それはたとえば、次のようなこと。

## シャイヨー国立劇場のムッシュー

もう何年も前、パリに住み始めたばかりの年に、母が東京から遊びに来ていたときのこと。パリの住まいから歩いて十分足らずのところにある、トロカデロ広場のシャイヨー国立劇場（＊4）で、エドモン・ロスタンの『シラノ・ドゥ・ベルジュラック』が絶賛公演中でした。気づいたときにはチケットは完売。「自宅から徒歩数分で劇場！」という夢のロケーションなのに、何度問い合わせても答えは「ノン〈non〉」。そんなとき母が言ったのです。「夕刻に、キャレットでアペリティフでもしがてら、劇場のチケット売り場を覗いてみましょうよ。案外、二枚くらいなら、キャンセルが出ているかもしれないわよ！」

くつろぎたいときに私が訪れる、トロカデロ広場のシックなサロン・ド・テ「キャレット」は、母にとっても、父の初めてのパリ赴任のころから親しんでいる老舗。空振りに終わるかもしれない外出の〝セーフティネット〟としては、上手な提案でした。こうしてほんのり観劇用に身繕いした私たちは、晩秋の風情をまといながら、劇場に向かうことになりました。夕闇が迫り、道すがらエッフェル塔がイルミネーションを艶やかに灯していて、一日の第二部の始まりを告げていました。さて劇場に到着するや、チケット売り場に一心に駆けていきました。すると、

「完売です。これだけ人気の演目なので、キャンセルは連日出ていないんですよ！」

ところが、いつもすぐにお茶をしたがる母が、珍しくこんなことを言ったのです。

「ちょっと待って。ご覧なさい、素敵な方々が続々いらしてるわ。フランス映画の中の、劇場のロマンティックな待ち合わせシーンのようね。少し様子を見ていましょうよ」

楽観的ながら、鋭い直感の持ち主でもある母に促されて、あたりを見まわしてみると、優雅な暮らしを思わせる、洗練された所作の紳士淑女が現れては、チケットを係に見せて劇場内へと消えていきます。入り口には、劇場の番人のような、印象的なコスチュームのコンシェルジュが立っていて、先ほどから手持ち無沙汰な私たちのことが、やや気になっているようでした。

待ち人が到着するたび、一人また一人と場内に消え、ホールにあと十人くらい残っていたでしょうか。やや心地のよくない時間が過ぎたところで、開演前のベルが鳴りました。すると、往年のフランス映画の中でしか見たことがないような、一分の隙もなくエレガントに盛装した、六十代前半のムッシューが、母の前にすっと進み出ていらしたのです。

「マダム、どうやら私の相手は来ないようです。今宵この券でお楽しみくだされば――」

そうほほえんで二枚のチケットを差し出してくださったのです。咄嗟のことに驚くも、

「まぁ！　よろしいのですか？　ありがとうございます。では、お支払い致しますわ」

キャンセルが出たときのためにと、あらかじめお代を用意しておいた封筒を出そうと、私がバッグに手をやると、ムッシューは上から軽く押さえて、こうおっしゃったのです。

「いえ、ご招待したいのです。お母さまとどうか楽しんで、素敵な夕べをお過ごしください！」

顔を見合わせて戸惑う私たち。そこへ決定的な、開演のベルが響き渡りました。コンシェルジュも傍らまで来て「ご厚意に応じなさい！」と促します。少しの沈黙ののち、とうとう私たちも心を決めて、ムッシューから券を受け取り、

「ご親切にどうもありがとうございます。では、ご厚意に甘えさせていただきますね！」

そう申し上げるや、劇場の長い階段を、転がるように降りました。中ほどでふと振り返ると、紳士とコンシェルジュは私たちを見守っていました。転ばないように夢中で降りきると、今度は案内係が待っていてくれて、懐中電灯で席に案内してくれました。チップを渡してプログラムを受け取り、私たちが席についた瞬間に、公演は始まりました。

するとそこは、艶やかに盛装した紳士淑女に囲まれた、劇場の最上席だったのです。

あの晩、私たちは、観客として最高のおもてなしを受けて演目を楽しみました。オント

ラクト〈entracte〉（幕間）でシャンパンをいただきながら、どんなお話をしたか？は覚えていませんが、とにかくあの晩に出会った「すべて」は、超一流の素晴らしいものばかりでした。

何げない母の言葉から始まったその宵は、思いがけない、パリらしい夕べになりました。お芝居も素晴らしかったけれど、むしろあの限られた時間の中で、ムッシューと劇場のコンシェルジュが、私たちにさし向けてくださったデリケートで優しい心づかいや、ちょっと緊迫した時間の経過が、ひとつの物語のようで、ロマンティックだと感じたから。そしていつかどこかで、だれかに、こんな素敵な心づかいができたら、と思ったものです。

以来、十六区で年月を重ねても、あのときの紳士には再会していません。彼のエレガンスは、ホールでお相手を待っていたたたずまいから、母への言葉のかけ方、チケットの差し出し方に至るまで、まさにエレガンスそのものでした。

パリに住んでいると、意外にも、こうした経験をすることがよくあります。それがどういう案配で起きてくるのか、予測は不可能なのですが。「パリならではのエレガンス」とは、こういうことだと思うのです。

## ヴェルニサージュの夕べと絵画

美術館や画廊が開催する魅惑的な企画展、その初日が特別内覧会であり、その際に開催されるカクテルパーティーのことを、「ヴェルニサージュ」といいます。パリの人々は、このカクテルをおしゃれに生活に取り入れ、上手に楽しみます。

ピカソ美術館やオルセー美術館、グラン・パレ国立美術館(*5)、リュクサンブール美術館など、それぞれスタイルもテイストも異なる美術館ですが、毎年それは見ごたえのある素晴らしい企画展を開催します。初日の特別ご招待日はどこか格調があり、パリの名士やプレス関係者のためのもので、インヴィテーションが必要です。

もうひとつのヴェルニサージュは、セーヌ右岸や左岸に広がる、パリの画廊が主宰する企画展の初日のオープニング・カクテルです。こちらは自由に入れます。たいてい夕刻五時くらいからスタートして午後八時過ぎくらいまで。シャンパンが振る舞われ、パリの人々は、夕食会やお呼ばれの前に立ち寄るなど、あまり長居はしない類いのカクテルです。

季節のよい六月や九月には、右岸や左岸の画廊街を挙げて、夕刻から夜にかけての〝ノクチユーン〟に、各画廊の主力作家の企画展ヴェルニサージュを同時開催します。普段は閑散としている夜の画廊街が、この時ばかりは華やぎ、いつもはそぞろ歩きしてウインドーを眺めるだけの人でも、気軽に訪れて企画展を鑑賞できるチャンスです。

私はパリのアートシーンについて十五年近く美術専門誌に執筆させていただいているの

で、パリの人々の豊かな絵画との向き合い方を、長年、興味深く見つめてきました。パリのアパルトマンは天井が高く、デコレーションのしがいのある空間です。また部屋数が多くなれば、たくさんの「壁」と向き合うことになり、そこに「窓」を創るような、魅惑的な絵画がどうしても必要になるのです。

現存作家の場合、百万円くらいから購入できる絵画があるので、大富豪でなくとも画廊にふらりと立ち寄り、絵を購入していく人もいると画廊主たちは語ります。その場合のセレクションのポイントは、資産価値ではなく、絵が抱かせる「至福感」にあるようです。

友人のパトリシアは、私が大好きなフランス人画家のピエール・ルシュールの大作をご家族で所蔵していて、今年は自宅のサロンの壁を「ヴェルミヨン」という朱赤色に塗り替え、この作品をメインに飾って、家族の日常をリフレッシュしようとしています。

絵画は、画廊で見ているときと家に飾ったときでは、印象が違います。もっと言えば、以前飾ったときと、場所や趣を変えて掛けたときでは、絵そのもののたたずまいが異なるように思います。心持ちで対話のできるアート、それが「絵画」です。絵に向き合って心を開くと、絵も語りかけてくれて、無限の対話が始まるのです。

さて十一月のヴェルニサージュでは、シャンパン片手にコートを着たままの立ち姿で作品を鑑賞します。昨今はアート・コンサルタントがセレブリティーのアートを担当するので、華やかな顔ぶれはそうそう見かけなくなりましたが、それでも、絵を愛好する人たちの良い気が集い、晩秋のソルティーユにふさわしいパリらしい夕べになります。

## 「オークション」という名のテアトル

二〇一六年に創立二百五十周年を迎えたクリスティーズが、パリ八区の画廊街、マティニヨン通りに、オークションハウスを設立したのは、二〇〇二年のことでした。現在「ケリング」という名称のラグジュアリー・グループの前総裁、フランソワ・ピノー氏が、クリスティーズを買収したのが契機でした。パリにはほかにも、サザビーズやドロー、タジャンなどがあり、装身具から、極めて高額な絵画や宝飾まで、日々、競売が行われています。

近現代アートのオークションといえば、ロンドンやニューヨークが本場ですが、最近はパリでも印象的なセールが開催されます。優れた美術工芸品を収集していたパリの著名人が亡くなって財産整理が必要な場合などは、各社は競ってオークションの提案をし、請け負った会社がオーガナイズを担当して、コレクションが競売にかけられます。

イヴ・サンローランが亡くなったとき、クリスティーズでオークションが開催されたのは二〇〇九年二月のこと。競売に先だって必ず内覧会が開催されますので、購入希望の方のみならず、出展品に興味がある人々が内覧会を訪れます。著名な宝飾のオークションの告知などはテレビで放映されますので、プレビューには、美しいものが大好きな、おしゃれなパリジェンヌやパリマダムたちも、美のオーラに引き寄せられてやってきます。

宝飾店のウインドーに飾られたばかりのジュエリーとは違って、持ち主のロマンティックで数奇な運命が絡んだ宝飾は、意味深なきらめきを湛えています。「一九〇〇年ごろの家族伝来の宝飾」といったものも、相続の際に競売にかけられ、持ち主を替えながら百年以上この世に存在しています。地球の奥底で貴石として育まれた時から考えると、壮大な年月になります。ジュエリーにとってオーナーとは、〝束の間の〟パートナー。次の持ち主がだれになるのか、内覧会のケースの中から、悠然と眺めているようにすら感じられます。

モノと人との邂逅《かいこう》。パリでオークションを見ていると、人間の存在はほんの束の間であることを思わされ、なんとも不思議な心持ちになります。同時に、時代がその技術の粋を尽くして、この世に生み出すものの美しさに、圧倒される思いもあります。

オークション当日は、進行役の、コミッセール・プリザー〈commissaire-priseur〉の手腕で、競売のロットが進んでいきます。電話を介したビットも入って、オークション会場には代理人ばかりが詰めかけることも多いようです。きちんとした認証があれば、オークションでもカードで支払いを済ませられる昨今、高額な絵画でも、公に姿を現すことなく匿名のままで、持ち主がするりと替わっていくこともままあるそうです。

現代の落札者たちには、新世代の超富裕層が目立つとか。時代は動き、競売で競り勝つ富裕なプロフィールやシルエットも、思いがけないもののようですよ。

## 舞踏会の楽しみ

十一月になると、そろそろシャンゼリゼ大通りのノエル〈noël〉（クリスマス）のイルミネーションが点灯され始めます。凱旋門からまっすぐ伸びるシャンゼリゼ大通りが行きつく広場、ロンポワン・シャンゼリゼの光のデコレーションも含めて、毎年趣向が変わるので楽しみです。ノエルまで一か月を切ると、仕事のまとめはもとより、贈り物、おもてなし、そして社交行事の準備など、年の終わりに向けた雑事で、気ぜわしさがピークになります。この時期には毎年、ローマの名門スティグリアーノ家のプリンセス、キャトリン・コロナ・ドゥ・スティグリアーノが主宰する「星の舞踏会〈Bal des Etoiles〉」からの招待状が届きます。

もともと、国境なき医師団のための寄付を募る「ゴッタ」のチャリティー舞踏会として、キャトリンが一九九四年に創設したものです。「ゴッタ」とは、一七六四年から一九四五年までドイツのゴッタ〈gotha〉という都市で発行されていた貴族年鑑のことで、これに記載のある貴族や名士全体の総称です。

現代は階級社会ではないので、実力を培えば、だれでもどんな職業にも就けるはずの時代。でも実際は、王家、公爵家、侯爵家、伯爵家、子爵家、男爵家と伝統が脈々と受け継がれ、爵位の序列で不文律の特権が授けられています。だからこそ〝ノブレス・オブリージュ（Noblesse oblige）〟「位高ければ徳高かるべし」が謳《うた》われ、チャリティーが盛んなのです。

パリの「星の舞踏会」では、毎年テーマが掲げられ、装いの申し合わせがあります。おいしい食事と楽しい語らい、そしてダンスで、ロマンティックな一晩の出会いと再会を楽しみます。近年は欧米以外のゲストも受け入れ、国際的な輪が広がっています。

舞踏会で大切なのは、自分をきちんと表現すること。円形テーブルに座席が配され、そこに居合わせるのがその晩ご一緒する方々です。そしてひとたびメンバーとして迎えられたら、臆することなく堂々と振る舞いましょう。「プレノン〈ファーストネーム〉で呼び合わない？」と提案されたら、多少年齢が異なっても応じるのがマナー。話の流れをよく見ながら参加し、波に乗っていけば会話の輪はできます。主催者は熟慮のうえテーブル・プランを決めますから。

さて舞踏会で楽しいのは、なんといってもダンスタイム。カップルでひとしきり踊った後は、ほかの方と踊っても楽しいもの。多くの方からダンスに誘われたら、それはあなたが魅力的だということです。もちろんパートナーとは申し合わせておくことを忘れずに。たとえダンスに自信がなくても大丈夫です。舞踏会に出席している男性ならば、女性をエスコートするくらいの手腕は身につけていますから。ダンスは言葉が通じなくても、相手とコミュニケーションできる大切なツール。しかもお上手な方とならば、知らないステップも踏めてしまうから不思議！　時には言葉以上のコミュニケーションもかわせて、思いがけないほど楽しさが広がります。

そして、もしダンスフロアにシニアのカップルがいらしたら、注目です。年を重ねたカップルのダンスは、一朝一夕でなせる業《わざ》ではなく、それは息をのむほど素敵なのです。現実をしばし忘れて舞踏会の時間に身をゆだね、華やいで楽しむ夕べ。他愛もないおしゃべりも尽きることがありません。「あのマドモワゼルのドレスは、ジヴァンシーのクチュールかしら？」「あのカップル、雲ゆきがなんだか怪しいかも……」などなど。

でもいつも最後になって思いを馳せるのは、やっぱり人生について——。ノーブルなステップを艶やかに披露する、シニアご夫妻のあまりの素敵さに魅せられる夜。幸せに年月を重ねる難しさをだれもが感じているだけに、すべてを乗り越えた圧巻の舞いには感激します。

「どんな成功にも試練はつきもの。勝ち続けるだけでなく、時には人を支えることも大切。こうして歩む人生はきっと素晴らしい『物語』になるはず。だからがんばらなくては！」

だれもが思い、明日に向かう。これも舞踏会がもたらしてくれる贈り物だと感じます。

（＊1）カフェ・ドゥ・フロール〈Café de Flore〉172 Boulevard Saint-Germain 75006 Paris
（＊2）ロダン美術館〈Musée Rodin〉77 Rue de Varenne 75007 Paris
（＊3）カフェ・ドゥ・レスプラナード〈Café de L'Esplanade〉52 Rue Fabert 75007 Paris
（＊4）シャイヨー国立劇場〈Théâtre National de Chaillot〉1 place du Trocadéro 75116 Paris　注：二〇一六年より、シャイヨー国立舞踊劇場〈Chaillot - Théâtre national de la Danse〉に改名。
（＊5）グラン・パレ国立美術館〈Réunion des musées nationaux-Grand Palais〉3 Avenue du Général Eisenhower 75008 Paris　注：一九〇〇年パリ万国博覧会の際にメイン会場として建造され、一九六四年に建物の一部を美術館に改装して以来、大規模展が開催されている。

パリの風景は、いつもだれかのとっておきの美意識からできている。美しい暮らしを想像させるパリらしいショット。

自宅裏のおいしいイタリアン惣菜店。「やっぱりおいしいわ!」「そう?じゃあまた作りますよ!」と、明るいラテンの会話が飛び交う。

パリのわが家のまわり。ヴァカンスから戻ると、すべてが新鮮に感じられる。

パリ16区の閑静な住宅街。窓の向こうでは、エレガントな珠玉のライフスタイルが繰り広げられているのです!

16区パッシー通りの入り口にあるカフェ「ラ・ロトンド・ドゥ・ラ・ミュエット」。ヴァカンス明けは太陽に磨かれた笑顔が街を彩る。

わが家から見えるエッフェル塔。夜になると無数のダイヤモンドが塔を駆けめぐるような美しいイルミネーションが望めます！

オスマン調のエレガントなアパルトマン。ひとつひとつまったく違う美しい暮らしが詰まっていて、まるで宝石箱のよう。

シアンスポ時代からご縁の深い、サンジェルマン・デ・プレの「カフェ・ドゥ・フロール」。私のパワースポットのひとつです！

右／10月第一週の日曜日にロンシャン競馬場で開催される凱旋門賞。開会の華やかなセレモニー風景。左／凱旋門賞のVIP席のゲストは、各レースの前に階下のパドックで実際に馬を至近距離で眺めて当日の調子を予想することができる。

16区のアパルトマンのエントランス。天蓋、門扉、窓を飾るバルコニーと、スタイルを調和させて施される鉄製のデコレーションが特徴。オーナーの美的趣味が映し出される極上のエレガンス。

メゾンやおもてなしのシーンをととのえる際、色彩の明度や彩度のデリカシーにこだわるパリマダム。左岸の老舗「シール・トゥルドン」の圧巻の色パレット。

この10年でモダンへと大きく舵をきったパリのメゾン。詩情あふれるテイストが特徴。

Novembre／11 月

夕闇せまるフォーブル・サントノーレ通り。そろそろ一日の第二部が始まる。

華やいで集い、美の語らいが広がる。グラン・パレの多彩なヴェルニサージュは、パリらしい「ソルティーユ」。

ナイトライフの帰り道はいつも最高のドライブ。仰ぎ見るエッフェル塔の美しさに圧倒される。

ノエルのデコレーションがブティックに並びだすと、なんとなく浮足立つパリジェンヌ。本当に素敵な逸品は発売当日に売り切れてしまう！

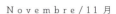

ある年のプラザ・アテネ・パリのツリーの前で。パリのノエルのデコレーションには、ウイットとおしゃれ心がいっぱい！

12月はヴァンドーム広場が一番輝くとき。とくに暮れなずむ夕景に灯がともるころは、ちょっとしびれるほど美しいのです！

歩くだけでも心が湧き立つ、一年のグランフィナーレの時。ジョルジュ・サンク大通りのフォーシーズンズ・ホテルのあたり。

フォーブル・サントノーレ通りのノエルのころの夕景。上品でエレガントなパリらしい光景。

リッツ・パリに新設された「サロン・プルースト」は、おいしいお菓子とお茶をいただきながら読書を楽しむというおしゃれなコンセプト。

デコラシオン関連のブティックには、快適なメゾン作りに余念のないパリマダムたちの夢やロマンが満ちている！

パリジェンヌの日用品の買い物のお伴はこのシャリオ。色や柄が豊富で日常をちょっぴり彩ってくれる。裏のマルシェにもコロコロ出かけます。

パリのフローリスト、ステファン・シャペルのブティックでは、お一人のマダムがこんなブーケをいくつもオーダー。

上質でおいしいものが美しく並ぶ「ラ・グラン デピスリー・デュ・パリ」。イタリア、モロッコ、ギリシャ、レバノンなど各国の料理、限りない食の楽しさと瑞々しさがあふれている。

わが家のすぐ前にあるリネン・ブティック「デコン〈Descamps〉」のウインドー。パリのメゾンのドレスコードは、この10年ですっかりモダン&スタイリッシュに進化!

自宅の裏手の大好きなパティスリー「オー・メルベイユ」。ここのお菓子を口にしただけで、思わず皆笑みがこぼれるほどのおいしさ!

アパルトマンの中庭の木の葉もすっかり落ちて、空の青さばかりが澄み渡る冬景色。

厳寒のパリ。ロダン美術館でのソワレの帰りに、空があんまり幻想的で美しいので、クルマを止めてセーヌ左岸河畔で。

『エル・デコラシオン』の表紙を飾ったこともあるロレーヌ・フレイ。メゾンをドラマティックに演出する才にあふれる左岸マダム。

スイスのサンモリッツの雪上ポロ。ものすごい迫力と地響き。美しい光景ながら、零下14度と零下20度の間を行ったり来たりで観戦するのも大変です！

ありし日の画家ポール・アイズピリの制作風景。心に抱く情景やパーソナリティを、色鮮やかにファンタジックに描き出すパリの鬼才。

# Décembre

12月——ノエルを迎えるとき

# 十二月はじめのパリ

シャンゼリゼ大通りのイルミネーションが点灯されると、パリは文字通り、今年最高のクライマックスを迎える時期にさしかかります。

凱旋門からコンコルド広場の方角を眺めると、毎年この時期に設えられるマネージュ（観覧車）の大きく回転するイルミネーションと、シャンゼリゼ大通りの光の瞬きが連動して、「街全体が、まるで光のモーターでまわっている！」という印象を抱きます。

シャンゼリゼの終点であるロンポワン・シャンゼリゼからコンコルド広場まで、まっすぐ延びる大通りの両側に並ぶマルシェ・ド・ノエル（クリスマス市）は、陽が落ちてからもますますにぎやか。例年、そぞろ歩きの人が絶えることはありません。

一方、パリの主だった通りや由緒ある広場、パリを代表するパラスホテルや教会などに施されるノエルのデコレーションは、わくわくするほどロマンティック。街に出るだけで気持ちは高まり、心は最高潮に華やいでいきます。

中でも、パリが世界に誇る宝飾の広場、ヴァンドーム広場は、この時期、世界中の富を巻き込みながらきらめき、広場の宝飾店にディスプレイされるジュエリーも、訪れるクライアントも、まさに最高級のラインアップを見せるのです。

街をゆく人々は、だれもがショッピングバッグをさげ、テキパキ忙しそうに歩いていきます。最近は、デパートの日曜日営業が定着したパリですが、以前は、日曜日は完全定休。しかしこの時期だけは、普段は静まり返る休日のデパートも営業をし、またノクチューンといわれる夜の営業時間延長もありました。とにかくこの時期は、家族や友人への贈り物選びはもとより、あらゆる準備が滞りなくできるように、パリが街を挙げてバックアップしているのです。

## ノエルのウインドーとイルミネーション

パリ右岸のデパート「プランタン（＊1）」と「ギャラリー・ラファイエット（＊2）」のノエルの動くウインドー・ディスプレイは毎年趣向に富んでいて、公開されるやテレビのニュースで報道されるほど注目を集めます。夕刻からは子供連れをはじめ、多くの観客を集めてウインドーの前は大変なにぎわいを見せるのです。

プランタンのウインドーをプラダが担当したときなどは、大人でもついほほえんでしまうようなセンスあふれるものでした。「真夜中のプラダのブティック」「スキー・ヴァカンス」といったウインドーごとの演出が施され、プラダのドレスやスポーツウエアを着てバッグやリュックまで持った白クマの縫いぐるみたちが大勢登場。メロディーに合わせて舞い、かわいらしく動き、それはチャーミングなパフォーマンスでした。

「ほらあのクマさん、いたずらしているわよ。どうやって動かしているのかしら?」

「見て! あのクマちゃん、ママが買ったばかりのプラダのドレスとおそろいよ!」

ノエル一色に彩られた、街のイルミネーションやディスプレイ、マルシェ・ド・ノエルなどに、子供たちは夕刻から見物に連れてきてもらって、皆ご機嫌です。

さて、ダイヤモンドをちりばめたようなパリのイルミネーションは、パリジェンヌの心でも躍動します。街全体に「華やぎの時を楽しみましょう!」という気持ちが満ちていくのです。それぞれの通りが打ち出す魅惑的なスタイルとニュアンス。

「フォーブル・サントノーレ通りは毎年ロマンティックだわ!」

「今年のモンテーニュ通りは、去年よりモダンだね」

日ごろから美にまつわることには、ひとことコメントしないではいられないパリっ子らしく、ノエルのデコレーションへの批評も尽きることはありません。

さて、ソワレやコンサートなどのナイトライフを楽しんで、深夜十六区の自宅まで戻るときは、エッフェル塔の雄姿を望みながらのとっておきのドライブタイムです。

セーヌ河畔のプレジダン・ケネディ大通りから、エッフェル塔を見上げるたびにその壮大な美しさに感動します。とくに深夜一時は、塔の明かりは消え、五分間だけダイヤモンドが瞬くような光のアートになるので、とりわけ美しいのです。しかも外気が冷たくなるほどに、そのきらめきは空気にニュアンスを映し、パリの夜空に響き渡るように立ちのぼっていくのです。パリにいらしたら、ぜひご覧になってくださいね！

## 十六区のおもちゃ屋さんで大奮闘！ 幸せなパピとマミ

日本ではお正月が家族で迎える行事であるように、パリではノエルが、一年中で一番の家族のイベントです。家族への贈り物は、それぞれから、メンバーひとりひとりに用意する習わしなので、買いそろえるだけでも大変です！

パッシー通りにある大きなおもちゃ屋さんでは、十一月も後半になると、十六区のエレガントなパピ（おじいちゃま）やマミ（おばあちゃま）が、いそいそとやってきて、続々とプレゼントを買い求めていきます。なかには、クルマをお店の脇に無理やり横づけして、がむしゃらに荷物を積み込むパピもいます。予約していた大きな包みを早めに引き取り、ノエルの当日までしっかり家に隠しておこうというわけです。

ダンディーなおじいさまが意気揚々とやってきては、同様のお仲間に出会うと、ついご自身の「プレゼント獲得作戦」の武勇伝をご披露なさいます。

「そちらの包みはなんですか？　えっ、その機関車が一番人気なの?!」

相手から思わぬ新情報を入手すると、すぐさまお店に取って返して、店員さんに尋ねます。そのあまりの「真剣さ」が、周囲を思わずほほえませるのです。

「どちらも、今シーズンの人気商品で、とてもいいセレクションですよ！」

プロのお墨付きをもらうと、両者ともホッと和み、互いの健闘をたたえ合って、それぞれの包みを持って家路につきます。

今や「かわいい贈り物」を用意する側になった彼らも、プレゼントに大喜びしていた幼い時代があった――。時が流れ、人生はめぐり、とうとう孫にプレゼントを贈る側になった彼らは、人生の円熟期を穏やかに迎えられた喜びに包まれています。

この時期、十六区のおもちゃ屋さんで繰り広げられるパピやマミの大奮闘は、心和む季節の風物詩。ひとつの究極の幸せの姿に思えるのです。

## ディオールの手袋と、最愛の人への贈り物

今の世の中、世界中のモノがインターネットでオーダー可能で、しかも自宅で簡単に受

け取れます。モノを「獲得する」ことに関しては、この上なく便利な時代になりました。ただ、モノに心をのせて「贈り物をする」となると、また、少し話が別だと思うのです。

ところで、あなたにとって忘れられない贈り物は、どのようなものですか？

十六区の私の友人たちの場合、初めての印象的な贈り物といえば、「名馬のポニー」だの、祖父から贈られた「ワイナリー」だの、「ピカソの絵画」などといった具合に、ちょっと桁違いなものばかりです。

私ごとながら「贈り物にまつわる思い出」の記憶をずーっとさかのぼって、心にまず浮かぶのは、少女だった私に父がパリで買い求めてきてくれたクリスチャン・ディオールの手袋でした。海外に出かけては、父が持ち帰ってくれた贈り物、とりわけパリからのそれは、いつも絶妙なエレガンスを湛えていて、小さな子供だった私にとっては別次元から舞い込んだ「貴石」のような、特別な輝きを与えてくれるのでした。

当時、小さな仲間どうしでのちょっとした流行で、「革の手袋がほしいなぁ」と生意気を言った私。でも父があえて選んでくれたのは、モンテーニュ通りに本店を構えるディオールの、やわらかいカシミアに革が施された、パリのエスプリあふれる手袋。「僕の小さなレディーへ」と、小さなカードが添えられていました。

カシミア部分は先端がオレンジ、中ほどが白、そして下部は薄いグレーで、手のひらと指の部分にやわらかな黒い革が縫い付けられた品。上品な色彩のハーモニーと、カシミアと上質な革が溶け合う繊細な美の感触。それまで出会ったことのない、「パリのエレガンス」そのものでした。

そのころ、まだパリを訪れたことがなかった幼い私にとって、両親を惹きつけてやまないフランスの都からもたらされる贈り物は、「パリ」という街の圧倒的な洗練を物語り、これ以上足すことも引くこともできない、デリケートな美のバランスを教えてくれました。パリに対して抱く想像と好奇心は、小さなハートに収まりきらないほど、それはそれはふくらんでいったものです。

私の子供時代、どうして父がディオールの品を、何かというと贈り物に選んでくれたのか？　その理由を尋ねてみたことはありません。ですが、二〇一七年に創業七十周年を迎えた、フランスを代表する「ディオール」という老舗を、父は当時、パリに居ながらにして、あらゆる意味で「パリらしいメゾン」と感じていたのではないかと思います。

十歳を目前にしてパリを訪れたとき、父と母に連れられて初めてモンテーニュ通りのディオールのブティックに足を踏み入れました。すると、そこで出会ったすべて、その場に立ち込めていた貫かれた美の個性は、父からのプレゼントが抱かせてくれたそのものだったのです。

こうしてパリとの御縁もすっかり長くなって、その美意識に向き合う私があるのは、もしかしたら、父からの贈り物が開いてくれた感性のおかげなのでは？と思うことがあります。

ところで、聖夜を彩る贈り物、皆さんはどのようなものを選びますか？

パリの人々は、今年の思いと新しい年への希望が溶け合う、ちょっと神聖な心でセレクトします。なかでも最愛の人に贈るのは、日常から少し離れて、新たなステージに飛翔させてくれるもの、新しい感性と少しばかりの非日常のきらめきをもたらしてくれるもの。

愛する人を思いながら、しばし瞑想にふけります。するど一番近くにいるからこそひらめく何かがあるはず。こうして選んだ品は、パートナーの心の一番奥の扉を開けて、「そこに込められた思い」を、きっと届けてくれます。

最愛の人とのシーンに、今年もまた、選りすぐりの逸品が加わるころ、互いの絆や愛情も、また新たなステージできらめきと深みを増していくことでしょう。

## だれもが持っているドレス「ラ・プティット・ローブ・ノワール」

十二月は、ソワレ〈soirée〉やフェット〈fête〉と呼ばれる、パリのあらゆるパーティーや集いがピークとなる時期。だれもが装いのリフレッシュを考えます。いつものメンバーが顔をそろえる会食などでは、なおさらそうです。

パリジェンヌならば、だれもが必ず持っている、ちょっとおしゃれな黒のワンピースを、「ラ・プティット・ローブ・ノワール〈la petite robe noire〉」といいます。こうしたドレスを、パリジェンヌは機会に合わせてセレクションし、エレガンスの〝香りやグレード〟を、デリケートに使い分けます。

若いパリジェンヌならば、まずはこれを数着持っていれば、とりあえずそのシーズンのナイトシーンはなんとかなるはず。ニュアンスの違うアクセサリーやバッグや靴などをコーディネイト（アクセソワリゼ〈accessoiriser〉）することによって、会食やカクテルパーティー、または観劇やコンサートへ、といった具合に装えるからです。

パリには、お手ごろ価格で旬な感覚をさっと取り入れて楽しめ、しかも日常的なナイトシーンならば自信を持ってまとえる、質のいいドレスがあります。必ずしも一流ブランドでなくても素敵な一着が見つかります。おしゃれの達人たちにとっても、その存在は侮れません。そのためハイ・ブランドのドレスが並ぶ十六区マダムの正統的なワードローブにも、こんなアイテムはしっかり入っています。

こうしたワードローブの構築術は、十六区のパリジェンヌの得意とするところ。どんなに素敵でも、むやみに費用を投じたり、その場で求められる以上に着飾ることを、野暮だと嫌うパリジェンヌ。おしゃれには、自分らしさを引き立てるような、センスとインテリジェンスが必須なのです。セレブレーションシーズンを前に、皆が装いのエスプリを探しに出かけるこの時期は、街全体がどこかワクワクしています。

ナイトライフのワードローブは、最新モードをちょっぴり参考にしつつも、流行よりむしろ、さまざまな社交シーンで出会う、輝いているパリマダムたちの装いをインスピレーションの源にします。おしゃれのパレットを、年々、少しずつ充実させていくのがパリジェンヌ流。

さらに十二月には、一月のパリ市公式ソルド（セール）の日程に先立ち、各メゾンでソルド・プリヴェといわれる上顧客用のソルドが始まります。だれもが華やいだ気分でノエル前の時期を迎えられるように、パリはなかなかうまくできているのです。

## 社交ライフをもり立てるプロフェッショナルたち

一年で一番のパリの華やかな社交シーンを陰で支えるのは、街中のブティックで待ち構えるその道のプロフェッショナルたち。彼らは、華やぐパリジェンヌの気持ちに寄り添い、経験に裏打ちされた、スマートでシャープなアドバイスを授けてくれます。

「これ、ブラックタイの舞踏会に着ていけるかしら？　ミモザ丈よりは長めだけれど？」

パリで初めての舞踏会の際にドレスを探して、こんなボケを言っていた私。すると、「インヴィテーションに『ブラックタイ』とあれば、とにかくくるぶしまでくるローブ・デコルテを選ばなくてはだめですよ！」

と一番肝心なことを教えてくれた当時のバレンシアガのディレクトリス。

色のドレスを選ぶ際、顔映り以前に、「舞踏会で、どう受け止められるドレスか？」をきちんとアドバイスしてくれるヴァレンティノ・ブティックの担当者。丈や身幅を完璧にお直ししてくれる熟練クチュリエのマリーからは、イブニングドレス〈robe du soir〉の着こなしのポイントをいくつも教わりました。いずれも経験に基づく金言ばかりです。

また彼らは、裁量が許す範囲で、極力、顧客のわがままや望みを叶えてくれます。

「木曜の夜会に着用したいので、お直しは三日間でできないかしら？」

たとえ日常的な用途でも、お直しの期日に関して、できるだけ便宜をはかり、アトリエに交渉して間に合わせてくれます。しかもモンテーニュ通りやフォーブル・サントノーレ通りのお店ならば、十六区は近いので、急ぎの場合は自宅まで届けてくれます。

〝とっておきの機会〟に向けて皆が描くささやかな願い。たとえば「両親の家での会食の際に、二人の子供に色違いでこのドレスを着せたいので、至急取り寄せてもらえないかしら？」などと頼めば、彼らはベストのベストを尽くして叶えてくれます。

こうしたプロフェッショナルたちの心づかいは、メゾンのデコレーションやテーブル・

アート、それにおしゃれにまつわるすべての分野に共通で、しかも高級ブティックから街の普通のお店に至るまで、一貫しています。だれもが楽しみにする一年のクライマックスの機会に、それぞれが思い描いた〝リュクス〟を叶えてあげたいと、街全体が動くパリ。いい「気」が響き合い、高揚感でいっぱいになるのです。

そしてちょっと面白いのが、この時期、十六区の瀟洒なお宅に勤めるメイドさんたちが、女主人が着なくなったコートやジャケットを譲り受け、うれしそうに家路につくこと。ノエル前の数週間を、皆がそれぞれハッピーな気持ちで過ごせるよう、いろいろ考えられているノエル前のパリ。なんといっても私の大好きな季節なのです。

## 「年月とともに充実していく」ということ

さて、ノエルのデコレーション・アイテムの売り出しは、年々時期が早くなり、十月上旬には店頭に並びます。私の経験からおすすめのひとつは、左岸の老舗デパート「ル・ボン・マルシェ(*3)」のノエル特設コーナーです。いつも必ず、ほかにはないような逸品が見つかります。今一番気に入っているのは、抒情的なサンタクロースをかたどった陶器製のオブジェ。艶やかな金の刺しゅうが施された深紅のローブをまとうサンタさんが、躍動感たっぷりに歩く姿を描いたもので、ヨーロッパのロマンを感じます。驚くことにこうしたアイテムは、パリではあっという間に売り切れてしまいます。

パリジェンヌは、心躍るようなアイテムを毎年少しずつ吟味しながら買い足し、サパン・ド・ノエル（クリスマス・ツリー）を今年のヴァージョンに仕立てていきます。稀に「この方、ノエルのデコレーション・アイテムを、全部取り換えるつもりかしら？」と思わせるマダムも見かけますが、それはむしろごく少数派。ツリーも、「年月とともに、次第に充実させていく」のがパリ流です。

この、「年月とともに充実していく」という感覚は、メゾンのデコレーションやマダムのファッションについても同じ。パリジェンヌが、年を重ねるにつれて人生の至福感を増していくのは、仕事が充実し、子供が巣立ち、自分や家族の幸福を実感することに加えて、メゾンや自身の装いが完成に近づくことも、関わっているように思います。

「今の自分が、自分史上で一番最高！」と思えることが、パリジェンヌの願いでもあるのです。

## クリスマス・イヴを迎えるとき

十二月の二、三週目くらいまでで、友人どうしのソワレはだいたい終わります。そして迎えるクリスマス・イヴは、「レヴェイヨン・ド・ノエル〈Réveillon de Noël〉」といいます。ノエルは、家族で迎えるのがフランスの伝統ですが、最近は、ノエルの休暇として二週間ほど暖かい避寒地に出かける人々や、友人とともに過ごすファミリーもいます。

十六区では、パリに残っていれば深夜にかけて何回か行われるミサに家族そろって出かけるファミリーが多いようです。いつも通っている、住んでいるエリアの教会であったり、実家近くの教会ということもあるでしょう。留学や赴任などでパリを留守にしている家族のメンバーが、ノエル休暇に戻ってきて久しぶりに家族そろって教会に行きます。

クラシカルな家系では、両親の家に一族が集まって迎えることが多く、イヴの晩には一番おいしいシャンパンを開けて、心づくしのノエルのごちそうをいただきます。テーブルの装いも、一年で一番グレードの高いシックなものにします。格調とウイットをおしゃれに編み込みながら。そこは、女主人の腕の見せどころです。

ナップ(テーブルクロス)やセルヴィエット(ナプキン)はエレガントに、食器もカトラリーもクラシックに決めます。カラフやグラス類は、クリスタルグラスをセレクト。飾り皿やゴールドをアクセントにあしらい、トナカイや柊など、ノエルのモチーフもさりげなく加味します。

乾杯の前には、たいてい当主から家族へ、心に染みるような話があります。年々変わりゆく家族の今を見つめながらの大切な時間が紡がれます。穏やかに語らい、華やぎの時間を楽しみつつ、久しぶりに兄弟姉妹が顔をそろえる場合などは、それぞれが人生の思わぬ「現実」を持ち帰って、時に「サプライズ」なレヴェイヨンになることもあるようです。サロンでは深夜まで、暖炉を囲んでゲームをしたり、家族のにぎやかな声が響きます。

ノエル当日は、国民の祝日。街は、水を打ったようにシーンと静まり返ります。朝起きると、子供たちはツリーのところに走っていって、プレゼントを開けながら大はしゃぎ！ 家族のメンバーどうしも、それぞれが贈り合う習慣なので、たくさんのプレゼントを開けながら、喜んだり驚いたり、和やかな時間を過ごしていきます。

そして――。翌日からは、さっと現実に戻り、デパートなどはもらったばかりのギフトを「交換」するために訪れる人で混み合います。二〇一六年七月末に、惜しまれながら長い歴史の幕を下ろした十六区御用達のシックな老舗デパート「フランク・エ・フィス」。私が愛用したこのデパートでは、例年、そのための人員を確保していたほどだったとか……。

とにかく、パリの十二月は、ノエルのためにあるようなものなのです！

## 十二月のヴァンドーム広場のきらめき

十二月のパリのパノラマの中で、あらゆるきらめきが圧倒的に凝縮されているのが、パリきってのスノッブなアドレス、ヴァンドーム広場。

すべてが「最高級」という形容詞に彩られる広場には、二〇一六年、四年にわたる改装工事を終え、現代に艶やかによみがえったパリの殿堂「リッツ・パリ(＊4)」が、王の館の風格でたたずみます。また広場からラペ通りへと続く一帯は、世界に冠たる高級宝飾店が軒を連ねるパリの〝宝石箱〟。広場には、パリコレでオートクチュールのショーを展開する、スキャパレリ、ヴァレンティノなどのクチュール・サロンもあります。

さて、この時期のヴァンドーム広場は、ウインドーを飾るジュエリーも、世界中から訪れる顧客の顔ぶれも、それは見ごたえのあるものです。日本円で、軽く億単位を超えるものでも、次に訪れたときには、あっさり売却されているのですから、本当に驚かされます。

ヴァンドーム広場は、パリジエンヌにとっても、〝非日常の〟アドレス。シアンスポ時代、ノエル休暇前の大きな課題で、男女二人一組で恋人どうしを演じ、「ヴァンドーム広場のすべての宝飾店を二週間で訪問、カップルの記念の品の購入を相談しながら各メゾンを分析する」というものがありました。

当時この課題を大いに楽しんだ私たちでしたが、その際、改めて認識したのは、パリジェンヌにとってジュエリーとは、「パートナーから贈られるもの」であり、男女の愛の物語を彩る特別なものであるということ。ですから、「働く女性が、自分にご褒美として購入する」なんて考えられないことだったのです。パリの働く女性たちが経済力をもつ現代にあっても、おそらく、その根底においては、彼女たちの「ヴァンドーム広場観」は変わらないように思います。これもパリらしい、ちょっと素敵なことだと感じます。

ヴァンドーム広場は、歴史を紡いできた超高級宝飾店が醸し出す濃密なオーラと、それとはやや次元の違う、過去と現在と未来の間を行き交うようなミステリアスな時間の流れ、不思議な空気感が場を支配しています。

ここには、グラン・サンク〈les Grand Cinq〉（フランス高級宝飾店協会）、通称「パリ五大宝飾店」と呼ばれる五つの宝飾店の本店があり、メレリオ・ディ・メレー、ショーメ、モーブッサン、ブシュロン、ヴァン・クリーフ&アーペルがそれです。

初代会長はマルセル・ショーメ。こうしたメゾンはもともと家族経営でしたから、ショーメ家、モーブッサン家、ブシュロン家……という具合に、当時のオテル・リッツ（現在のリッツ・パリ）でそれぞれのファミリーの当主が集い、共同で優雅な新作発表会などを催しました。そして当家のマダムたちは、社交界でも注目の存在だったのです。

ところが時代の流れで、現在はメレリオ・ディ・メレー以外のメゾンは、リュクスのコングロマリットに買収され、創業家一族は経営から離れ、一昔前とは趣を異にしています。

ところで、「世界五大宝飾店」というカテゴリもあるのをご存じでしょうか？　こちらは、ハリー・ウインストン、ティファニー、ブルガリ、カルティエ、そしてヴァン・クリーフ&アーペルです。よく尋ねられますので、ここでご紹介しておきますね。

ヴァンドーム広場の中央には、ナポレオンが、アウステルリッツの戦勝を祝賀して建てさせた円柱があります。ローマのトラヤヌス帝の凱旋記念柱を模しているといわれ、古代ローマ風の装いのナポレオンが、塔の頂点に君臨し、広場のアイコンとなっています。

## ヴァンドーム広場の陰影

パリにあって、歴史的にも最高に美しいものばかりがひしめき合う宝石箱のようなアドレスのヴァンドーム広場。極めて富裕なマダムが熱い視線を注ぐ、華麗なラグジュアリーの聖地でありながら、特段に「陰影のきいた場」でもあるのは、特筆すべきこと。

美意識においても宝飾技術においても、世界最高峰の宝飾店ばかりが軒を連ねるこの周辺を、過去に訪れた歴代の賓客たち。ナポレオンやその妃だったジョゼフィーヌをはじめ、ヨーロッパの王侯貴族やマハラジャの王たち、新しい産業で巨万の富を手にした実業家、ハリウッドのスターやセレブリティーなど、この広場を訪れた人々のプロフィールは、時の流れとともに、大きく変遷を遂げました。

巨万の富を手に、時代を動かしていった人々が、「自分ならではのリュクスの夢」を最高峰の宝飾店に持ち込み、メゾンは培ってきた美的個性と宝飾技術の限りを尽くしてこれに向き合いました。未踏の美の高みを目指して、両者で繰り広げた、美をめぐる熱い物語によって、パリのジュエラーは、大きな躍進を遂げていったのです。

こうしてこの世に誕生したハイジュエリーの数々は、持ち主を替えながら、悠然と、現代に存在しています。一方で、華麗なる美のショーを演じながら歴史の舞台から消えていった、類い稀なる美を追い求めた人々の強い魂やオーラは、いまも、ヴァンドーム広場に、確かに息づいているように感じるのです。

一月と七月のオートクチュール・ウイークなどに、この広場やラペ通りの宝飾メゾンの本店や特設会場で繰り広げられる、ハイジュエリーのプレゼンテーションの数々。それは時代に刻まれる、最高峰の美のパラダイス！　時間を超越した宝飾のきらめきや、まったく新しい美感と触れ合うプレシャスタイムです。

取材でとてつもない価値のハイジュエリーや、過去にメゾンが創り出した特別な逸品、つまりいまは「ミュージアム・ピース」となっている逸品を、ガードマンに護られながら撮影することがあります。肉眼でジュエリーを鑑賞した後、写真家のファインダー越しに覗かせていただくと、ジュエリーに絡みつく「時」が、過去と現在を行き交うような、不思議な感覚を覚えます。一度、カメラから離れて肉眼で実物を確認してから、もう一度覗いてみると、今度は、現在を通り越して未来にまでいってしまい、「時の上流と下流」が一瞬わからなくなってしまうのです。

広場の過去と、現在、未来までもが交錯し、「場に刻まれた記憶」までよみがえり、華やかなラグジュアリーの聖地であるのに、非常にミステリアスなたたずまい。しかもヴァンドーム広場は、一日のなかでも、朝、昼、夕刻以後と、時刻によってまったく違う表情を見せるのが、非常に興味深いのです。

## 朝――場の記憶が語りかけるとき

冬の朝のヴァンドーム広場といえば、それこそだれもいない暗闇の世界。日常感を一切介さない真冬の朝は、八時を過ぎても陽が昇らず、夜の闇の延長上にあります。エレガントな街灯だけがあたりを照らし、一瞬、時間に見放されたかのような不安にかられます。

フランスラグジュアリー企業の社長とセッションを行う、シアンスポの当時のゼミナールは、朝八時から二時間ほどの時間帯にメゾンの本拠地で開催されていました。そのため学生時代から、早朝のヴァンドーム広場に通いつめるのが常で、いまでも朝食会や、取材などの機会に、一般にはあまり知られていない「広場の朝の風景」を目にしています。

真夜中のように静まり返った広場、ちょっぴり怖くなる暗闇の朝にあって、唯一、リッツ・パリは、極上のおもてなしがつまったロマンティックな殿堂。外気の冷たさや闇の深さとは無縁のように、ラグジュアリーの枠をたたえた、魔法のような空間です。

ヴァンドーム広場の朝として印象に残るのは、グラン・サンクのひとつで、アールヌーボー様式を個性とするジュエラー、ブシュロンでの当時のセッションのときのこと。一八五八年にフレデリック・ブシュロンによって創設、一八九三年に「ヴァンドーム広場に初めて進出した宝飾店」として高名なブシュロン。当時から、自由な発想とデザインで、新しい素材なども取り入れ、革新的なジュエリーを生み出すメゾンとして知られていました。広場で一番日当たりがよく、ウインドーの宝石が美しく輝く「ヴァンドーム広場二十六番地」を宿命のアドレスに、宝飾の広場の歴史を切り拓いてきた、先駆的な存在だったのです。親子二代にわたる伝説的ストーン・バイヤーの活躍で、「ブシュロンの貴石は特段にきらめく！」との評があり、なにかと「光」と縁の深いジュエラーなのです。

二〇一八年に創業百六十周年を迎えるブシュロンは、新しい時代に向けて、現在は広場のブティックを閉じて改装工事中。二〇一八年秋には、新しいコンセプトのもとにリニューアルオープンする予定で、その新しい美の方向性が注目されています。

さてセッションが開催されたのもまさに厳寒の朝。当時は家族経営の時代で、当主で社長のアラン・ブシュロンご夫妻がセッションのチェアマンでした。パリの社交界でおしどり夫婦として知られた彼らは、早朝にもかかわらず完璧な装い！　メゾンやご一族の歴史、また新しい「リュクス・メゾン」へ転身を図る、さまざまな模索が語られました。

現在のブティックになる以前のことで、ギシギシいう階段を上がり、階上ではフランス式朝食が振る舞われ、「ヴァンドーム広場二十六番地の物語」に聞き入りました。

ナポレオン三世の愛妾で第二帝政時代の華やかな文化を象徴する、カスティリオーネ伯爵夫人のミステリアスな逸話。「女神」の異名をとる彼女は、当代随一の美貌の持ち主で、二十六番地の中二階に一五年間住み、初代フレデリック氏と建物を共有。ブシュロンのジュエリーをこよなく愛した彼女は、太陽の光をさけて夜の帳《とばり》が下りるまでは外出せず、ジュエリーをまとった艶やかな姿は、夕暮れ以降の薄明かりの中で輝いていたそうです。

メゾンの神秘的な美の個性が育まれた、伝説的なアドレスで、臨場感たっぷりにお話を伺っていると、時空を超えて迫りくるような情景に、圧倒されるような想いでした。

ブシュロン夫人のエレガンスや、祖母のクラシカルな指輪の印象に彩られた私の「ブシュロン観」に反して、家族経営だった当時のメゾンの状況は、芳しくなかった様子。

それでも、午前九時を回ったあたりから、ヴァンドーム広場を包み込んでいた暗闇が、ブティック二階に突然差し込んできた眩《まばゆ》い光とともに、刻一刻と明るいものに推移していったように、現在の「ケリング」グループに属するようになって、ブシュロンが成し遂げたモダンなジュエラーへの華麗なる転身は、世界を驚かせました。

そしていま、また新たな時代の入り口にさしかかり、メゾンの原点に立ち戻って、自由で光あふれる、まったく新しいメゾンの構図を、紡ぎだすときを迎えているのです。

## 昼——最高のリュクスだけが存在できるところ

昼間になると、歴史が培ってきた「場の記憶」はトーンを下げ、今現在、広場を訪れる人々の夢や、宝飾メゾンで精力的に仕事をする人たちの熱気が満ちてきます。

ヴァンドーム広場十七番地のオテル・リッツは、一八九八年にスイスのホテル経営者セザール・リッツとフランス人シェフのオーギュスト・エスコフィエのコラボレーションで設立。客室に浴室を設えたり、電気や電話を配備させたヨーロッパ初のホテルと伝えられ、王侯貴族や著名な政治家、作家や映画スターなどのセレブリティーに愛され、一世を風靡《ふうび》したのはあまりにも有名です。

ココ・シャネルやアーネスト・ヘミングウェイはリッツに何年も滞在し、パリ生活の拠点とし、彼らの名が命名されたスイートもあったほど。リッツを常宿にするセレブリティーへのインタヴューの際は、特別な舞台演出を施さずとも趣が醸し出され、語られる言葉はおのずと〝格調〟をまとう。それが、リッツのリッツたるゆえんです。

近年は老朽化し、ともすれば過去の亡霊が廊下を独り歩きしそうな、ミステリアスな雰囲気が漂っていました。先ごろの全館改装工事を二〇一六年に終え、「リッツ・パリ」と名称も改め、新世代のコンセプトとエレガンスをまとって生まれ変わりました。以前のオテル・リッツの秀逸なサービスを懐かしむ声もありますが、一方でレストランやバーは魅惑的にリニューアル。中でも『失われた時を求めて』の作者マルセル・プルーストにオマージュを捧げてつくられた新しい「サロン・プルースト」は魅力的な空間。おいしいお菓子と午後のお茶を楽しみ、本を片手にしばし肘掛椅子で読書するなど、クラシカルなインテリアに包まれて、リッツならではの空想に耽《ふけ》ることができるのです。

一方、二〇一七年秋に、建築家ピーター・マリノのデザインにより、十八世紀初頭に建造されたふたつのオテル・パティキュリエールを統合して改装・修復され、ヴァンドーム広場の二番地にグランド・オープンした「メゾン ルイ・ヴィトン ヴァンドーム(＊5)」。旅にまつわるすべてのプロダクトや、プレタポルテ、時計、ジュエリー、革製品、靴、香水、アクセサリーや職人ワークショップなど、メゾンのすべてのアイテムを扱う、今一番新しい総合的なフラッグシップ・ショップです。百六十年以上前、一八五四年に若きルイ・ヴィトンが初めて店を開いたこのエリアへの、まさに凱旋回帰です。ヴァンドーム広場の歴史は、時代に先がけた美意識と世界の大きな富を巻き込みながら、この瞬間も刻一刻と動いているのです。

# 夜――最高にシックで魅惑的な夕べ

美しくイルミネーションされたヴァンドーム広場やリッツ・パリ。これまでどれほど、世の中を動かすような愛が囁かれ、時代に刻まれる華やかなソワレやロマンティックなディナーが繰り広げられたのでしょうか。

パリの人々にとっても、世界から訪れた方々にとっても、リッツの夜は、いつも特別な夕べ。パリでも最高にシックかつプライベートなアドレスですから、お気に入りのドレス、一番エレガントなヒールで出かけます。

いまから十年くらい前、ヴァレンティノのオートクチュールのショーの後、各国のプレス数人が招かれ、当時のオテル・リッツでヴァレンティノの夕食会が催されました。まるで家族経営のメゾンのように丁寧に関係を紡ぐ、彼らの社交スタイルにぴったりの、親密な夕食会でした。後半のディスコタイムでは、ムッシュー・ヴァレンティノが興に乗って、いつになく小気味のいいステップでゲストを魅了したのも、当時のオテル・リッツの魔法のようでした。

もうひとつ印象的な夕べを選ぶとすれば、二十一世紀目前のある晩、ヴァンドーム広場十二番地の宝飾店、ショーメで開催された『ショパンの没後百五十周年記念のリサイタル』

の際のこと。一七八〇年にマリ＝エティエンヌ・ニトによって創業された宝飾店のショーメは、ナポレオンと最初の妻ジョゼフィーヌのために豪華な宝飾品を創り出したことがメゾンの始まりです。

ポーランドの作曲家ショパンは、亡命してパリで過ごし、最晩年に、現在はショーメのブティックのある十二番地二階の高級アパルトマンに移り住み、一八四九年にここで亡くなっています。当時パリで公に音楽会を開くことは少なかったショパンも、サロン文化が華やかなりし時代、この場所ではよく演奏していたとか。彼が最後のマズルカを作曲したのも、このサロンでした。

ショパンが当時住んでいた、現在のショーメ・ブティックの二階で開催されたリサイタルには、パリの錚々《そうそう》たる方々が顔をそろえました。豪華絢爛たるショーメのサロンは、一九二七年に歴史的建造物に指定されたグラン・サロン。夕陽が差し込む広場独特の陰影を味わいながら、美しいピアノの演奏に聞き入り、押し寄せてくるような「場の記憶」に息をのみながら、ショパンの時代に同じ夕陽を見ていた人々の心に想いを馳せました。

ヴァンドーム広場で今日も繰り広げられているリュクスな時間は、完全に非日常の時間です。しかもパリのどの時間からも、どの空間からも隔絶された、〝特別な〟時空間。そしてそれは、体の奥底にある個人的な「リュクス」感と密接に関わっています。そんなひとりひとりの深いところにある何を輝かせたり、突き動かしてくれる強い「光」が、ヴァンドーム広場にはあるのです。

（＊1）プランタン〈Printemps〉64 Boulevard Haussmann 75009 Paris
（＊2）ギャラリー・ラファイエット〈Galeries Lafayette〉40 Boulevard Haussmann 75009 Paris
（＊3）ル・ボン・マルシェ〈Le Bon Marché〉24 Rue de Sèvres 75007 Paris
（＊4）リッツ・パリ〈Ritz Paris〉15 Place Vendôme 75001 Paris
（＊5）メゾン ルイ・ヴィトン ヴァンドーム〈Louis Vuitton Maison Vendôme〉2 place Vendôme 75001 Paris

# Janvier

1月——冬の日常時間を楽しむとき

# 厳寒のパリの風景

家族そろってノエルを華やかに過ごした後は、新年のイヴである十二月三十一日（サン・シルヴェストル）を、友人ファミリーを交えてにぎやかに祝います。

ところで、新年を迎える瞬間にシャンゼリゼに繰り出すと大変です！　その場のだれとでもキスしていいことになっているので、知らない人もどんどんキスの攻撃をしてきます。同時に足元に無数の爆竹が投げつけられ、それらを避けながら、通りを歩き抜けるのもかなりスリリング！　パリに来たばかりのころ、仲間みんなで繰り出し、息を切らせて逃げ回り、なんとか無事に帰ってきたのは、今となってはいい思い出です。

さて、サン・シルヴェストルをシャンパンタイムで晴れやかに過ごすと、新しい年がカウントダウンとともにすーっと、新星のごとくやってきて、パリはふっとひと息つきます。

年初四日に、アーモンドペーストのパイ菓子「ガレット・ドゥ・ロワ」を皆で切り分けて食べるとき、陶器の王冠が入っていたら、今年のラッキーパーソンです！

こうして新年は始まり、きらめいていたイルミネーションも、一月の半ばくらいまで。キャンドルの残り火のように、気づくといつしか消えています。クリスマスカードの返信も、このころまでには終えなければなりません。日本のような「お正月休み」はないので、祭日は一月一日だけ。会社も学校も、二日から。だいたい十二月三週目からノエルの休暇に入るビジネス業界も、年初の第一週までで休暇を終え、本格的に始動します。

一月後半からは、オートクチュールのパリ・ファッション・ウイークや、スイスのジュネーヴで開催される時計市のSIHH、またインテリア・デコレーションのパリ最大級の見本市、メゾン・エ・オブジェ・パリ〈Maison & Objet Paris〉が開催されます。学生もいきなりテストや提出物に追われて現実に引き戻される、忙しい新年の幕開けなのです。

ここから二月のスキー・ヴァカンスまでは、冬の日常の時間はゆっくり展開されていきます。同時に、パリ市の定めるソルドが公式にスタートし、二〇一九年からは約四週間、パリは街を挙げてのセールの時期に突入します。

さて、私の地元であるパッシー通りは、十六区のパリジェンヌたち御用達の商店街。ソルド後半にもなると、“Tout doit être disparu!”「すべてなくならなければならない！」なんていう標語が貼られ、週が進むごとに割引率も大きくなって、最終週を迎えるころには、本当になーんにもなくなるのが面白いほど。服飾はもちろん、キッチン用品や電化製品、寝具、インテリア家具やデコレーション・アイテムに至るまでソルドになりますので、この時期にまとめ買いする人もいます。日本なら「それでは普段、正価で買ってくださるお客さまに悪いのでは？」という話になりそうですが、そこはパリ、「まぁ、それはそれで！」と、いたってラテンのノリなのです。

冬の時期、パッシー通りを歩きながら、十六区の私たちはよくクレープを食べます。アパルトマンの向かいにあるパン屋さんの軒先でマダムがクレープを焼いてくれるのです。フレーバーは、粉砂糖、ヘーゼルナッツのチョコレート・ペーストの「ヌテラ」、さらに小さな星形ショコラをたっぷり入れる「ぺピト」の中から選びます。

私はいつも「ぺピト」をチョイス。ヌテラも普段は大好きですが、このクレープに限っては、小さなチョコレートをクレープの生地いっぱいに振りかけ、半円にたたみながらマダムが焼きあげてくれる熱々のクレープが最高なのです！　ナプキンを片手に、パッシー通りをウインドーショッピングしながら歩き、ちょうど食べ終わったところで一番近くにあるカフェでエスプレッソを飲むのが私たちの定番コースです。

パリの一月は寒さの底、まさに凍《い》てつく寒さです。石畳の底から冷気が上がってくる感じで、外を歩くなら厚底のブーツに毛皮かムートンコートが必須。おしゃれというより、ウールやカシミアのコートでは、この寒さにとうてい太刀《たち》打ちできないからなのです。

雪が降るのは意外にも稀で、積雪にはめっぽう弱いパリ。ひとたび積雪に見舞われると、交通は簡単にストップしてしまいます。でも、パリの雪景色は格別の美しさ。「今日はしんしんと寒いわね……」と窓の外に目をやると、エッフェル塔に粉雪が舞っていることがあります。こういうときのパリは、まるで画家コローの絵画のよう。もっともアパルトマンは、雪かきの心配がないので、こんなことが言えるのですが（笑）。

# 一月第三月曜日はハグの日

日照時間は相変わらず短く、寒さもひとしお。一月の第三月曜日は、ヨーロッパでも人々が一番落ち込む日とされています。世界的にこの日はハグ（hug）の日と定められているとか。このハグ、パリでは欠かせないのです。寒さをしのぎ合うためではなく、瞬間的に心を満たし合うもの。いかに私たちにビヤンネートル〈bien-être〉（充足感）をもたらしてくれるかは、この時期のパリにいらしてくだされればわかります。家族や仲間はもとより、すれ違って親しい友人を見かけると、戻ってきてでもハグするのです。

さまざまな人種や宗教、それに立場の違う人々が行き交うパリでは、いつもと違うエリアに出かけたり、雰囲気の異なる人々と隣り合わせると、はじめはやはり、少し緊張します。外見だけでは、その人の思想や慣習などまでわからないですし、気づかないうちにタブーを踏んでしまうこともありえると思うから。手探りで会話はできても、相手の熱いハートに、ストレートに触れるところまでいくには時間も必要です。

たとえばパリの学生時代の仲間〈camarade〉や、ともに時を重ねながら友情を育んできた友人たちは、大切なことに関して価値観を共有でき、何かあれば助け合える存在です。

仕事を始めて間もないころ、クチュールのファッション・ウイークの最終日に、パリ・オートクチュール協会（サンディカ）主催の打ち上げパーティーがあり、仕事仲間と会場で待ち合わせました。ところが、あまりの人出の多さと携帯の通じない広すぎる会場。申し合わせの時刻は経過するのに落ち合えず、私はちょっとパニック状態に。

するといつのまにかすれ違っていたらしい、ゼミが一緒だった寡黙な友人、ジャン＝ピエールが、私の姿を見つけて走り寄ってきてくれました。

「キョウコ！　元気？　今度ゆっくり話そうよ。一番奥に主要メンバーがいるからね！」

そう言って思い切りハグすると、振り返りながら何度も会場の奥を指さし、去っていきました。瞬間的なリラックス効果は絶大！

ほどなく、皆とも落ち合えて、後のパーティー時間では大切な出会いも果たし、一気に運気が上昇していったのです。ハグは、ファミリーや友人・仲間に限られますが、体の奥底の何かがきらめいてスイッチが入るのです。

ハグまでいかなくても、フランスでは親しいあいさつとして、ビズ〈bise〉、つまり相手の両頬に軽くキスをする習慣があります。ビジネスなどで初めて出会ったときは握手からスタートしますから、どのあたりから、ビズになっていくかは、お互いのちょっとした雰囲気次第。流れにまかせて、そこはフランス流に！

さて年末年始のクライマックス・イベントを終え、冬の日常に静かに戻っていくこの時期は、体や心のメンテナンスに絶好の時。穏やかで豊かな時間です。

## 眠りの〝ジェットセッター〟になるとき

冬の長い夜は、眠りにつく前のひとときを、どれだけピースフルな心持ちで過ごせるかにポイントがあります。日中のヴォルテージを静かに下げて、心も体もくつろいでゆく、穏やかなリラックスタイムです。

アロマキャンドルに誘われ、心が落ち着いてくるころ。ふと窓の外に目をやると、星が舞う冬空の彼方に、パリから飛び立っていく飛行機が、小さい瞬きとなってぐんぐん高度を上げていくのが見えます。そろそろ眠りの〝ジェットセッター〟となって、私も夢飛行に飛び立ちたい時刻です。

パリのベッドルームの風景はというと、だいたい次のような感じです。

ミニマルなデコレーションながら、詩情のある寝室。きれいな空気と、心地のよいベッド、両サイドにはシンメトリーに、小さな引き出し付きのテーブルを置きます。

月明かりをスポットライトに、穏やかに眠りにつけたらよいのですが、普通はベッドの両サイドのテーブルには、それぞれシンメトリーにソフトなたたずまいのランプを置きます。そして傍らには、パリの香りの老舗ブランド「ディプティック〈Diptyque〉」のユニセックスな香りのキャンドル、たとえばフィギエ〈figuier〉（いちじくの木の香り）とか、「ジョーマローン〈Jo Malone〉」のイングリッシュ ペアー&フリージアなどを灯します。そこに私は読みかけの本や、シルバーのトレイを置き、「メゾン・デュ・ショコラ〈La Maison du Chocolat〉」のショコラを欠かさず置いておくのです。

ベッドルームには、美しい布地張りのハイエンド（背もたれが高い）の椅子を置き、ガウンや部屋着のペノワールをおいておきます。パリの寝室は通常ウォークイン・クローゼットにつながり、スマートに身繕いをととのえられるようになっています。ここがアイテム別に美しく収納され、一望できるようにディスプレイされているかどうかが、素敵な〝パリの装い〟をつくるうえでの鍵となるのです。

さて、ベッド関連のアイテムとして、パリジエンヌがまずこだわるのは、「テット・ドゥ・リ〈Tête de lit〉」と言われるヘッド・ボード。通常ベッド本体とは別売りで、デコラティヴなものからアート感覚のものまで多彩にあって、〝眠りのシナリオ〟を演出します。

ベッドリネンは、〝夢時間〟へのエントランス。快適な眠りやパートナーとの関係性をも左右する、眠りの重要なニュアンスをつくります。パリジエンヌにとっては、自宅で容易に洗濯できる素材であることも、重要なポイントです。

エレガントな白いリネンが好きな私は、ソルドのときなどに、真っ白で、端の部分が、レースとか、カットワークとか、ニュアンスの異なるフィニション（仕上げ）のものを、ピロケースとセットで幾組か購入しておきます。

布団カバーやベッドカバーなどは、カラフルなものにして気分を変えることができますが、思いつきであれこれ買わず、はじめにベッドルームの基本の「ドレスコード」を決めておいて、上手にコーディネイトさせていくのがポイント。ベッドのサイズや布団のサイズなどをあらかじめメモしておけば、偶然ブティックで素敵なものに出会ったとき、スムースにセレクトできて便利です。

パリのリネンのメゾンとして私のおすすめは、「ポルトー（*1）」。ソルドのときにパリを訪れていらしたらチャンスです！　エレガントなナイトウエアや部屋着、ポーチ、刺しゅうが施されたタオルやペノワールなど、ポルトーにしかないような、上品でノーブルなアイテムがそろっています。

もう何年も前、まだこのブティックがモンテーニュ大通りにあったころ、ソルドで購入した真っ赤なジェテ・ドゥ・リ〈Jeté de lit〉（ベッドカバー）は、今も愛用しています。創業家であるポルトー家は、もともとフランスらしい美しい暮らし、アール・ドゥ・ヴィーヴルを自らがたしなむ、パリのエレガントなファミリーですので、このブランドには、パリならではのロマンティックなエスプリがあります。

ほかには、「デコン（*2）」も、数年前におしゃれでモダンなメゾンに変身し、パッシー通りのブティックなどは、斬新な眠りのデザインコンセプトを打ち出して注目されています。一方で、「イヴ・ドローム」などもシックで美しいコレクションを展開し、また「ローランス・タベルニエ（＊3）」のモダンでシンプルなナイトウエアも、デザインが現代のライフスタイルに合っていて、パリでもファンが多いところです。

日本でも近年、シルクのパジャマやカシミアのガウンが人気だと耳にします。肌に直接触れるものにこそ最上質のものを！という考え方は、フランス風です。ただ問題は、お値段。それでも最近は、生産地や素材、製法が工夫され、以前の十分の一程度の価格で、良いものを手にできるようになりました。肌触りの良さ、上品な色彩、おしゃれなデザインといった心地よいものを、だれもが日常に手にできるようになった現代は、この意味でも豊かな時代といえますね。

## 街の優秀なプロフェッショナルたち

多くのパリジェンヌが仕事を持つ現代にあって、共働き世代のエグゼクティヴ・マダムたちは、生活日用品は、毎週決まったアイテムを決まった量だけ、スーパーからシステマティックに届けさせています。

つまりトイレットペーパーとか洗剤、ボディーソープや石鹸、パスタやシリアルそれにクッキーといったお菓子、ヨーグルトや牛乳やジュースなど、毎週ほぼコンスタントに消費するものを、一式そろえて届けてもらうというわけです。買い出しに行く時間が省けるので、これは大変便利です。スマホで登録しておいて、デリバリーの期日前にアイテムを調整することもできます。こうしておくと、あとはマルシェでお肉やお魚、それに果物や野菜などのフレッシュな素材を買い、ブーロンジュリーで焼きたてのパンを求め、ワインやチーズなどは専門店で献立に合わせて楽しく買い足せばいいわけですから。

そういえば、パリのスーパーが最近どんどん進化して、快適な生活をバックアップする存在として、頭角を現してきているように思います。私の住むパッシーのギャレリア（ショッピングモール）内のスーパー「モノプリ」は、パリ全域に展開するチェーンですが、この支店は、上質な食材を扱う進化系スーパーとして誕生してから二十年以上。当初からポワラーヌのパンをここで求めることができます。パッシー通りにはもうひとつ、食品や生活用品のみならず、シンプルな部屋着や日用品まで扱う系列店があり、良品のうえに、使い勝手がいいので好評です。またスーパーの定休日などに、買い忘れの食材を購入できる、アラブ人が経営するコンパクトな個人商店が近くにあるので、とても助かります。

十六区のパリジェンヌにとって、最近の一大のニュースといえば、私たちが長年愛用してきた「フランク・エ・フィス」という老舗デパートが閉店し、代わりに左岸のデパート

「ル・ボン・マルシェ」の食品館の右岸店「ラ・グランデピスリー・ドゥ・パリ リヴ ドワット（＊4）」がオープンしたことです。

「フランク・エ・フィス」は、その前身の店は一八九七年からパッシー村にあり、一九三七年にパッシー通り八十番地に女性のためのデパートとして誕生。以来、十六区のシックなマダムやマドモワゼルを中心に、こよなく愛されてきたデパートでした。

長いことシャネルやディオールやトッズなどのコーナーも設けられ、また革手袋や帽子など、エレガントな十六区マダムのライフスタイルに必須のアイテムに関しては、ほかにはないほどハイレベルな品ぞろえと良心的なお値段で、まさに美的生活を支える〝プロフェッショナル〟的存在だったのです。

オスマン朝のデパートの建物やディスプレイされているプロダクト以上に、ここにやってくる十六区のマダムは魅惑的で、ひとりひとりが、まるでパリの文化や美的生活術の〝香り《パルファン》〟を放つよう。そんな彼女たちと遭遇できるのも、大きな楽しみであったのです。

ところで今回新設された「ラ・グランデピスリー・ドゥ・パリ リヴ ドワット」は、パリ左岸サンジェルマン・デ・プレ地区にある、パリで断トツに洗練された食品館の二号店。右岸住まいの私も、学校が左岸のサンジェルマンにあったこともあり、パリ生活の当初からずっと慣れ親しんできました。改装されるたびに洗練される食材やエピスリーは、パリの食卓のレベルを牽引する存在です。優れた食品館が近くにあると、ライフスタイルまでおしゃれにレベルアップするので、今後が大いに楽しみです。

パリには、女性のライフスタイルをサポートする目的で進化してきたビジネスが多々あるように思います。たとえば、近年東京にも進出しているパリの冷凍食品ブランド「ピカール〈Picard〉」。働く女性のみならず、優雅なマダムたちも暮らしに柔軟に取り入れ、わが家の裏手のほうにあるピカールのブティックを通りかかるたびに、訪れているシックなマダムの姿を見かけます。

ところでパリでは、お掃除は思いのほか費用がかからずメイドさんを頼めますし、食事を作ってくれる料理人を日常的に頼んでいる人も案外多いのです。学生時代の同級生にも、当時からお掃除はメイドさんに、食事は料理人に依頼していた人がいたほどです。

現代のパリでは、多くの場合、夫婦ともに仕事を持っていますから、家事の外部委託はかなり進んでいます。比較的リーズナブルに外部に委託できることは積極的にお願いして、たとえば家族との時間や夫婦の時間などに、エネルギーを注ぎたいと考えるのがパリのエグゼクティヴです。

また日常的に、住まいの近くで「カジュアルな外食」を適宜取り入れます。家のダイニングの延長のような、手軽でおいしいビストロをいくつか見つけておくのです。こうした街のあちらこちらに控える、さまざまな分野のプロフェッショナルの技を借りながら、ある程度の〝必要経費〟を見込んで、暮らしを組み立てていこうという考えなのです。

## エレガントなマダムからの意外なアドバイス

そういえばパリに住み始めたころ、こんなことがありました。スーパーの洗濯洗剤や食器洗剤の棚の前でそのあまりの種類の多さに、「いったいどれがいいのかしら？」とぼう然としていると、エレガントなマダムがすっと私の前に現れました。

「マドモワゼル、こちらが、香りもよく汚れもよく落ちて、最高の洗濯洗剤なのよ！」

「こちらは、油汚れがすっきり取れる最高の食器洗い。手も荒れないわ」

そうテキパキと教えてくださったのです。

また、シリアルやポテトチップ、バジリコソースなどについても、

「それはだめ、パッケージが見かけ倒しなの。こちらがおいしいし、お値打ちよ！」

などと、別のマダムからもアドバイスをいただきました。後に親しくなったパリの友人たちにこの話をすると、それらはまさに金言のアドバイスだったことが判明！　おかげでパリの〝便利でおいしい〟生活に、回り道することなくたどりつけたのです。

十六区マダムは、「暮らしを賢くオーガナイズする」という点で、優れた力を持っている印象があります。スーパーから買った物を届けさせる際も、フレッシュな食材は手で持ち帰るので、別袋に取り分けます。おしゃれな装いのマダムでもその手際の良さは驚くほ

ど。生活をデザインするエレガントな姿勢と手腕を感じます。

## シニアマダムたちが好きな家電店

シニア世代の十六区マダムが好きなアドレスはどこだと思いますか？　アンティークショップ？　エレガントな宝飾店？　いえいえ、なんと、大手の家電店なのです！

彼女たちは、若い世代以上に、自宅に最新テクノロジーを積極的に取り入れ、スマートな生活を究めようとするのです。パッシー地区に大きな家電店の支店があるのですが、いつもシックなシニアの男女や、時にはマダムが小型犬を連れて一人で訪れています。最新のエスプレッソ・マシーンに、テレビ、冷蔵庫……。そしてその関心の理由を尋ねると、「同時代を生きる専門家が全力で開発して、世に送り出した最新のテクノロジーを享受しない手はないわ。それを味わうことができるのは、まさに、今の時代を生きているからこそなんだから」

七十代のおしゃれなマダム、ヴェロニクは言います。テクノロジーが文化をつくると考えていて、時代の頭脳が生み出した技術は積極的に取り入れ、「昔」ではなく「今」の時代を生きる醍醐味を味わうべきだというのです。時代の最先端で、未来から吹いてくる風を頬に受けながら進む――、これが伝統的に十六区マダムが好むアイデンティティです。

## 冷蔵庫はフレッシュな食材の宝石箱

ところで、「私たちの体は六か月前に食べたものでできている」ということが、パリでは盛んに言われます。これはつまり、今、冷蔵庫に入っているものが、六か月したら私たちの「体の一部」になっているということ。そうなると、冷蔵庫に入れておくものには細心の注意を払いたくなります。上質のシャトーブリアンやフィレミニヨンに、セップのスープ、オーガニック野菜のジュース、それにプラムやフランボワーズのヨーグルトなどなど。

フランス語で「キュイジーヌ〈cuisine〉」と呼ばれるキッチンは、一昔前の十六区では完全に舞台裏で、主婦やお抱えのコックさんが手腕を振るう作業場でした。それが現在では、サロン同様、食事の時間以外でも家族が代わる代わるやってきて、リフレッシュのための飲み物やデザートを出しては、そばにあるバーカウンターで歓談して和むスペースに。

キッチンで一番大きな家電である冷蔵庫には、その家の「文化」が表れます。モダンなハイライフを目指しているファミリーなら、サイズの大きい、高機能の優れ物が設えられているはず。ここに選りすぐりの食材をそろえておけば、時にとびきりグルメな夕食や、ホテルのルームサービス並みのおしゃれなデザートも振る舞えて、日常生活を彩ることができます。冷蔵庫は、いってみれば食の〝宝石箱〈écrin〉〟であり、心豊かでおいしい生活の中核をなすものなのです。

## さまざまな国籍の料理を取り入れる

厳寒のこの時期は、インフルエンザやガストロ〈ウイルス性の胃腸炎〉が流行り、抵抗力も下がっています。冬のストレスや病を寄せつけないようにするには、新鮮な食材で、体が心底喜ぶようなお食事をいただき、きちんと抵抗力をつけておくことが大事。体に〝いいモノ〟を送り込むことにかけては努力を惜しまないパリジェンヌたちは、たんぱく質と野菜中心の栄養価の高い食事を心がけます。

友人たちはおしなべて、いろいろな国の料理を口にするようにしています。たとえばパリのレバノン料理は野菜が豊富でおいしく、疲れているときや風邪をひきそうなときはとても有効です。モロッコ料理はヘルシーでおすすめですし、ギリシア料理も意外にさっぱりしていて体が喜ぶ味。もちろんフレンチやイタリアンやスペイン料理はコンスタントにいただきますし、チャイニーズやジャパニーズは、できれば本物のおいしいものを選びたい。

季節によって食したいものを、できるだけタイミングを逃さずいただくことがパリマダムの健康法。そして、いつもバリエーションを持たせることを心がけます。あらゆる健康情報が席捲する今の世の中ですが、新情報はチェックしながらもそれに惑わされず、その時、身体が欲するものを、時を逃さず楽しむというのが基本です。

## マルシェではお料理のコーチングも！

寒いパリでは、体が温まるブイヤベース、シチュー、ポトフやスープが欠かせません。冬野菜のアンディーヴ（チコリー）はキロ単位で買ってきて、すぐにレモンとバターで煮詰めて下ごしらえをして冷蔵庫に保存しておくと便利です。顔くらいの大きさのあるパリのハムを巻いて、バターでカジュアルにジュッと炒めても香ばしくておいしいですし、カットしてベシャメルソースで、グラタン仕立てにするとみんなが大喜びします。簡単に栄養価の高い料理を用意できるので、アンディーヴは冬の常備菜として欠かせません。

アーティーチョークは、マルシェでよいものがあれば、いくつか買ってきて下処理して茹でてオイル漬けにしてもいいですし、この状態になったものをお惣菜店で買ってきて、オードブルとしてすぐ食卓に並べることもあります。

フランスは欧州随一の農業国ですし、野菜は味が濃くて、素材自体もとてもおいしいです。私の住むパッシー地区には、すぐ裏手にマルシェがあります。マルシェのおじさんたちのおすすめに従って新鮮な食材を選んで料理するうちに、季節のお料理を一通り会得できたように思います。

「先日のセップ（きのこの一種）はどうでしたか？　よかったでしょう？」と言われて、「おいしかったわ。リゾットにしたら最高！　ほかにいま、何かありますか？」と尋ねると、どんどんプロ意識を出して、季節ならではの新鮮なものを教えてくれます。マルシェには、対話型〈interactive〉の掛け合いがあるので新鮮な発見も学びもあります。

どんな組み合わせで作るか？というとき、私はお皿に絵を描くように色合いを考えます。フランスの食事は、主食としての炭水化物をあまりとらず、代わりに肉や魚、そして野菜を多く消費します。たとえば、カフェやビストロでシンプルな一皿料理をオーダーしたとき、メインの料理を選ぶと、必ず「ガルニチュール〈garniture〉（付け合わせ）はどうしますか？」と聞かれます。ピュレ（マッシュポテト）か、フライドポテトか、アリコベール（茹でたいんげんにお好みでオリーブオイルとパルメジャーノチーズを振りかけたもの）、またはエピナール（ほうれん草のバター炒め）などからセレクトするのですが、これらの量がとても多いのです。そんなこともあって、パリの人々は食事の際、あまりパンをたくさんは食さないように思います。

さて、対話型のマルシェが素敵なのは、次のようなときも。

「マダム、あまり顔色が良くないですね。どうされましたか？」

「なんだか、ぞくぞくして風邪っぽいのよ」と私。

「大変だ！　ザクロがあるのでジュースにするといいですよ。あとフレッシュなラズベリーが出始めているから持っていって！　少しおまけしておきますよ。お大事にね！」

世界中どこでも、マルシェに並ぶものやその土地の季節料理が一番おいしく、体の芯から元気になるのは同じだと思います。それに加えてパリのマルシェはサービスも素敵！

急にお客さまをお招きしなければならなくなったときも、裏のマルシェに飛んでいくと、

「カモのいいのがあるからコンフィにどうですか？　付け合わせはエピナールとか」

「明日なら、フロマージュはこのブルーチーズがいいですよ。この葉の上に並べたら？」

などと、旬な食材からさりげなくヒントを授けてくれて、何かとバックアップしてくれます。

ところでパリの人を「冷たい」とする見方があると聞きますが、私はそうした経験をこれまで一度もしたことがないのです。むしろ人情が厚く、ややおせっかいなくらい、細やかに気遣ってくれる人々だと思います。そして、「ちょっと Too much かな〜」と、こちらが感じ始める半歩手前で、立ち入りすぎないように上手に距離をとる、そのデリケート

さまでが「まさにプロフェッショナル！」と感じるのです。

## おいしいお菓子を食べる幸せ

パリでは男性もお菓子が大好きです。チョコレートなどはみんな本当によく食べます。そもそも「サロン・ド・テ」は、「カフェ」に比べると、ゆっくりお茶をいただきながらお菓子を楽しみ、おしゃべりをするところ。モンブランが大人気の「アンジェリーナ」とか、マカロンの一大ブームの火付け役となりあまりにも有名な「ラデュレ」などでも、男性が生クリームたっぷりのパティスリーに、さらに「ヴィエノワ」といわれる生クリームが浮かんだカフェやショコラを組み合わせて召し上がっている姿をよく見かけます。今でこそディナーの際のデセール（デザート）をしっかりいただくパリの男性陣が普通に思えるようになりましたが、当初はその甘いもの好きに驚きました。

それにしても、お菓子は、なくても生きていけるものかもしれないけれど、あると本当に幸せになるもの。パリは気候も温暖とはいえないし、さまざまなストレスにさらされていますから、口にするだけで至福感をもたらしてくれる、世界に冠たるおいしいお菓子が生み出されたのも必然なのかもしれません。

私は「メゾン・デュ・ショコラ」のケーキと、「ラデュレ」のタルト・タタンが大好き。これらは、いってみれば、現代のパリの生活の必需品。そしてゆっくりお菓子を楽しむひとときの優雅なお茶の時間が、冬のパリを乗り越えるのに欠かせないひとつの文化、大切なたしなみのようにも思えます。

## ホテルのラウンジで過ごす時間

好きなパティスリーを選んでお茶を楽しみ、語らい、同時にハートも休めるパラスホテルのラウンジでのひととき。冬はとりわけこうした時間が大切です。そしてしばし〝憩う〟のです。日常から離れてピアノの旋律に酔い、ラウンジの住人に――。

パリにはここ数年でアジア系のホテルがいくつもオープンし、食の面でもリラクゼーションの面でも新風を吹き込んでいます。「マンダリン・オリエンタル・パリ（＊5）」のパティオでの朝食や、レストラン「シュール ムジュール パール・ティエリー・マルクス」も注目。「ル ロワイヤル モンソー ラッフルズ パリ（＊6）」の朝食もオープン当初大人気でした。

家からの行きやすさやラウンジの雰囲気から、私は「フォーシーズンズ・ホテル・ジョルジユサンク・パリ（＊7）」「オテル・プラザ・アテネ・パリ（＊8）」「ル・ブリストル・パリ（＊9）」をよく使っています。また仕事柄、ヴァンドーム広場の近くにある「パークハイアット・パリ・ヴァンドーム（＊10）」、それに改装オープンしたばかりの「リッツ・パリ」も、機会に応じて使い分けています。目下の一番のお気に入りは、二〇一七年夏のファッション・ウイークにリニューアルオープンした「オテル・ド・クリヨン ア・ローズウッドホテル（＊11）」のバー「アンバサダーズ」です。

ちょっと改まった打ち合わせなどでしたら、夕食前のアペリティフタイムはパリらしいエレガントな習慣。ディナーに準ずる身繕いをし、軽くシャンパンをいただきながら、よりオフィシャルに、かつ親密にお話ができます。お茶をご一緒するより一歩改まったエレガントな社交ステージを演出できるのです。

## パリマダムの「午後三時のランデヴー」

おしゃれなシニアマダムが、カフェにそれこそエスプレッソを一杯飲みにやってきて、おしゃべりの限りを尽くしていく、午後のひとときがあります。題して「午後三時のランデヴー」。

いまのモードのニュアンスを取り入れ、自身のワードローブからセレクトしたドレスに、その日の気分で選んだジュエリーをファンタジックにコーディネイト。〝装いのストーリー〟をととのえての登場です。さっそくなじみのギャルソンが迎えていつもの席に案内します。

たいていおしゃれを解してくれるお仲間のマダムを伴って、自宅近くのシックなスポットにやってきます。パリの女性もランチは好きですが、一方でそうそうランチに出歩くことは好みません。それよりちょうど昼食時間が終わったあたりに、街に出てくるのです。

あのときも確か、宝飾の展覧会がグラン・パレ国立美術館で開催中でした。二人の洗練されたおしゃれなシニアマダム、おそらく七十代前半でしょうか。三時過ぎに、パリ八区の画廊街、マティニヨン通りのシックなカフェにやってきました。お二人のうちの一人、今でも印象に残るマダムは、グレーの短めのニットワンピースに、コライユ（珊瑚）のゴージャスなネックレスにイヤリング、ジュエリーの色に合わせた上品なオレンジのニットタイツをお召しでした。バッグは流行がまためぐってきた、フリンジ使いの黒のスエードでパンプスも同じく黒。最新の流行の、モダンで軽やかなファーコートをはらりとまとっておいででした。

パリマダムは、長年かけてワードローブを充実させていく人たち。そして、自分にとってきらめきを感じなくなったものは、あっさり処分できる気質です。大切なのは、モノではなくて、モノがもたらしてくれる「心地よさやポジティヴな爽快感」であることを、ベテランのおしゃれの達人たちは、よくご存じなのです。

極寒の午後でしたが、彼女たちは思いのほか軽装。きっと近くの高級アパルトマンにお住まいなのでしょう。パリの一月の外気は冷たいですが、それでもおしゃれな身繕いをして外の気に触れ、ひととき街にたたずみたいのです。

パリには、街の中にそんな「憩うための場所」がたくさんあります。飲食が目的ではなく、家の近くのちょっとおしゃれなパブリックの中に身を置いて、他人の目に自分を映しながら、ふっとくつろぐひととき。そんな時間を持つこともまた、パリジェンヌにとってとても大切なこと。最高のリフレッシュ術なのです。

## パリの街と花のブーケ

冬のこの時期、パリの人々はよく花を贈り合います。グレーの雲に覆われているときこそ、フローラルなパワーは、私たちの心を華やがせるのです。パリで暮らす人たちはたいてい、お気に入りのフロリストをいくつか持っていて、場合によって使い分けます。

以前、パレ・ロワイヤルのそばの友人宅に伺う際に、近くにあるステファン・シャペルのフローラル・ブティックにお花を買いに寄りました。店内ではスタッフ二人とステファンが、大きな花束をパワフルに制作中。ひとつ、ふたつ……そしてとうとう、なんと五つも大きなブーケができあがると、スタッフが二人がかりでデリバリーに出かけていきました。

尋ねると、近くにお住まいの花好きなマダムのご自宅に、隔週でブーケを五つ届けているのだとか！　パリのフロリストが、多彩な作風でロマンティックなブーケを創り出せるのも、こうした上顧客の存在があるからこそ。客人を自宅に招き合うパリの社交習慣は、彼らの活躍の場を増やし、その腕前をいっそう磨かせるのです。

愛の街パリでは、言葉にできない熱い胸の内を届けるときも、花は大活躍します。以前、オートクチュールのムッシュー・ヴァレンティノのバックステージで、友人たちから続々届くお花を拝見したのですが、とても興味深かったです。

ムッシュー・ジヴァンシーからは、ピンク色の可憐《かれん》な花が無数にあしらわれたロマンティックなアレンジメント。ムッシュー・アルマーニからは、真っ白な大輪の薔薇ばかりを五十本くらい束ねたモダンでスタイリッシュなブーケ。どちらも華やかなものが大好きなムッシュー・ヴァレンティノへのブーケとしてぴったりなのですが、同時に、「贈り主の美意識」が、きちんと込められているように感じました。

プレゼントは、贈られるのももちろんうれしいですが、贈ることも楽しいものです。ブーケをオーダーするとき、パリジェンヌは、これはどういう方へのどういう機会のお花なのかをフロリストにきちんと説明します。と同時に、自分の美意識もさりげなく、でも忘れずに加味します。

最近一区に移転してしまったのですが、私はジョルジュサンク大通りに長年店を構えていた「マンゴジ」というフロリストが大好きで、ロマンティックなブーケを作ってほしいときは必ずお任せしてきました。

「いかにもキョウコからのお花という感じ！　とってもロマンティック！」

お贈りしたお相手からそんなふうに言ってもらえると、うれしいものです。

そういえばパリの冬の夕刻に、男性がちょっと照れくさそうに、エレガントなブーケを抱えて家路につく姿は、いつ目にしても素敵な風景。なんてエレガントなのかしら、と思います。日本の男性も、臆することなく、素敵なブーケをご自宅にお持ち帰りいただきたいものです！

（＊1）デ・ポルトー〈D.Porthault〉5 rue du Boccador 75008 Paris
（＊2）デコン〈Descamps〉44 rue de Passy 75016 Paris
（＊3）ローランス・タベルニエ〈Laurence Tavernier〉6 Rue Gustave Courbet 75016 Paris

（＊4）ラ・グランデピスリー・ドゥ・パリ リヴ ドワット〈La Grande Epicerie de Paris Rive Droite〉80 rue de Passy 75016 Paris

（＊5）マンダリン・オリエンタル・パリ〈Mandarin Oriental Paris〉251 Rue Saint-Honoré 75001 Paris

（＊6）ル ロワイヤル モンソー ラッフルズ パリ〈Le Royal Monceau, Raffles Paris〉37 Avenue Hoche 75008 Paris

（＊7）フォーシーズンズ・ホテル・ジョルジュサンク・パリ〈Four Seasons Hôtel George V, Paris〉31 Avenue George V, 75008 Paris

（＊8）オテル・プラザ・アテネ・パリ〈Hôtel Plaza Athénée Paris〉25 Avenue Montaigne, 75008 Paris

（＊9）ル・ブリストル・パリ〈Le Bristol Paris〉112 Rue du Faubourg Saint-Honoré 75008 Paris

（＊10）パークハイアット・パリ・ヴァンドーム〈Park Hyatt Paris Vendôme〉5 Rue de la Paix 75002 Paris

（＊11）オテル・ド・クリヨン ア・ローズウッドホテル〈Hôtel de Crillon A Rosewood Hotel〉10 Place de la Concorde 75008 Paris

# Février

2月——冬のヴァカンスと、豊かな思索の時間

# 二月のパリの風景

灰色の空に覆われた、どうしようもない冬のメランコリー。そんな憂うつを吹き飛ばすような、彩り豊かなアートやカルチャー、魅惑的な人々との社交、家族で紡ぐ穏やかなひとときーー。こうした楽しみのエヴァンタイユ〈éventail〉（扇）をいっぱいに広げて過ごすと、冬は思いのほかカラフルでゴージャスな、心豊かな季節になるから不思議です。

人間というのは面白いもので、自然界などの厳しい環境に見舞われるほどに、それを克服して余りある〝楽しみ〟というものを見出します。はじめは闇の中のわずかな光源のようであっても、心を照らしながら、次第に大きな〝輝き〟に仕立ててゆくのです。パリの人々の冬の過ごし方を見れば、それはもう明らかです。

日常生活の中で、私たちひとりひとりが抱く個人的な望み。それをふんわり叶えて、至福感をもたらしてくれるモノやコト。それがフランス語で言うところの「リュクス〈luxe〉」というもの。光〈lumière〉を語源とする、この「リュクス」は、もしかしたら暗闇に見舞われたからこそ、より懸命に求めるもので、闇があるからこそ見出せる〝何か〟なのかもしれません。この季節がめぐり来るたびに、いつもふと、そんなふうに思うのです。

さて二月の声を聞くころになると、パリの冬もちょっと小休止。パリの風景が半ば静止する、冬のヴァカンスを迎えます。フランスの学校は地域ゾーンごとに次々と、この「スキー・ヴァカンス」に入っていきます。スキー道具をクルマに積み込み、フランスのみならずヨーロッパ中のゲレンデに思い思いに出かけ、にぎやかな冬時間が展開されます。

優雅な雪上ポロが開催されることで有名な、スイス南東部の超高級リゾートのサンモリッツも、澄みきった雄大なゲレンデを背景に、美食やリラクゼーションなど、体のメンテナンスもかねて、世界中から人々が集います。はらはらするような稜線を駆け抜ける「氷河特急」の終着駅にたどりついて、まず驚くことは、マイナス二十度を超える外気の冷たさと、銀世界の底で瞬く街の明かりの美しさ。毎夜、会食やダンスなどが繰り広げられ、山間の生活術の粋を集めて、まさに冬に咲く大輪の花のように、思いの限りに華やいで楽しみます。

スイスのプライベート・スクールなどでは、この時期、学校ごと高級スキーリゾートであるグスタッドなどの冬校舎に移るので、親たちもこの機会に世界中から合流し、この地ならではの冬の社交を繰り広げるようです。

一方、「太陽に会えないのはもうがまんできない！」とばかりに、スキーリゾートではなく、温暖な地域へと旅立つ人もいます。

私たちも時折、冬のオフシーズンのローマに出かけては、ふーっと一息つくことがあります。灰色のパリを逃れて、陽気なラテン気質のローマに和み、まったく〝気〟の違う、ナポリやカプリにまで足を延ばせれば、最高のリラクゼーションになります。

ところで、冬のヴァカンスで静かになったパリはどうなっているか?といえば、相変わらずの寒さながら、少しずつ昼間が長くなり始めて、二月後半になれば、窓から眺めるパリの遠景に、かすかに春の兆しが感じられてきます。八重咲きの薄いピンクのチューリップを飾って春を心待ちにするころ。この季節、静かなパリに残って、自分を見つめ直したり、エヴィアンなどローヌ・アルプ地方のレマン湖畔の保養地で、ゆっくり肌や体のメンテナンスをしたりする人々もいます。

また同じパリの空の下では、二月末から始まる、パリコレ・プレタポルテのファッション・ウイークや、スイスのバーゼルで開催される時計市に向けて、最後の調整に余念のない、アーティスティック・ディレクターや職人さん、それに彼らをもり立てる、ラグジュアリー・メゾンの方々の、熱い時間も繰り広げられているのです。

## 冬のストライキとパリの人々

話は変わるのですが、かなり以前の厳寒の冬に、パリで大規模なグレーヴ〈grève〉(ストライキ)が行われたことがありました。それまで私が遭遇したものでも通常は一日か二日、長くても四日間くらいだったと思うのですが、そのときは一か月以上、パリのメトロとバスが全面ストップ、大規模な全面ストライキに入ってしまったのです。

まさに寒風吹きすさぶころで、通勤・通学客は、友人どうしでクルマに相乗りし、バイクは皆二人乗りと、涙ぐましい通勤通学風景が連日テレビでも報道されていました。仲間の中には、すぐ自転車通勤・通学を始める人もいましたが、何しろ厳寒の時期、普通の冬支度で自転車に乗れば、耐えられないほどの寒風に身をさらすことになり凍結寸前！　スキーウエアで自転車に乗る人まで現れました。

次なる手として皆が考えたのは、なんとローラースケート！　冗談のようですが真剣そのもの。「自転車か？　ローラースケートか？」で大討論になったものです。

ただこのときに意外だったのは、パリの人々が、そう不平も言わずによくがんばっていたこと。「早くストが終わらないかなぁ」とは言いつつも、グレヴィスト（ストを繰り広げている人）たちの権利の主張を批判したり、大規模ストライキそのものに異議を唱えたりする論客は、目立たなかったように思います。

むしろ皆が、冬空の下で自分たちが直面している状況を半ば茶化しながら、なんとか助け合って、乗り切ろうと団結した印象がありました。

パリの人々は、自分の権利の主張に熱心ですが、ほかのだれかが別の環境で主張しようとするとき、意外にも、これをある程度尊重します。生ずる不具合は、程度の問題もありますが、甘んじて引き受けようとするのです。

私が一番神経質になるのは、空港やエアラインのストライキ。仕事でギリギリの日程で移動しなければならないこともままあるわけですから。ただグローバル化が進んだこの二十数年の間に、国際線のストライキのスタイルは、ある程度国際標準になったように思います。事前通告があり、可能な限り、その日を避けることもできます。ただ二〇一八年春のように頻繁になると、パリの人々の忍耐にも限りがあります。

そういえば、こんなこともありました。オテル・プラザ・アテネ・パリに昔からあるレストラン「ルレ〈Relais〉」で、久しぶりに親友とランチをして情報交換、おしゃべりの限りを尽くして、さぁ帰ろう!となったとき、タクシーが一台も見当たりません。その日は、たまたま一日、RATP(パリ市内交通網)のストライキだったのです。歩けば二十分弱はかかる自宅への道、軟弱なようですが、雪もうっすら舞う寒さの中、ヒールでは、ちょっと困難な事態です。

確かに、目の前のモンテーニュ大通りにも、先ほどからタクシーが一台も走ってきません。プラザ・アテネ・パリのボワチュリエ(車係)も、今日はお手上げ!とばかりのジェスチャーです。幾重にもリクエストは出している様子でしたが、「もしかしたらポーズでは?」と感じるくらい、まったくクルマが来る気配はありませんでした。

「だれかに迎えに来てもらえる夕方まで、ここで待つしかないかしらね……」

そう顔を見合わせたところで、コンシェルジュの方がほほえみながら出てきました。

「今日は当ホテルのリムジンで、皆さんを、お一人お一人お送りしましょう！」

そう言って、順次手配を済ませて送ってくださったのです。ストを展開する人々の権利を尊重するため、自分たちのクライアントが被る不都合は、できる限り自分たちの創意工夫で、なんとかしようという判断です。

パリは昔からよく「窓口社会」だと言われます。つまり現場に、かなり裁量が与えられているのです。このときはコンシェルジュという責任ある立場の方ではありましたが、これがパリジャンらしい正義（ジュスティス）。もっともこのときに居合わせた人たちは、偶然にも近くに住む人たちばかりでしたが……。

## 画家、ポール・アイズピリの思い出

間もなく三月、「ミモザの花が咲いた」と話題になると、いつも心に浮かぶのが、パリ生まれの画家、ポール・アイズピリのこと。

スペインの国境近く、バスク地方の血を引く彼は、色彩豊かでファンタジックな、実に楽しい絵を描きます。夏に、取材で彼の南仏のアトリエを訪れたことがありました。別荘のお庭で、ご家族の心づくしのランチが振る舞われました。それから場所をテラスに移して、午後の長い時間、空と海が溶け合いそうな伸びやかな蒼の風景を眺めながら、いろいろなお話を伺ったのです。

時を経て、今度はパリの冬の晴れた昼下がり、彼のギャラリストの計らいで、久しぶりにアイズピリのパリのアトリエを訪れました。その時、完成したばかりという『パリのアトリエから』と題された、美しい淡い色彩の大作を目にしたのです。

その絵には、彼のアトリエの大きな窓から望むパリのパノラマと、はるか彼方にかすかにきらめき始めた、春の予兆が織り込まれた美しいパリの空、さらに手前のテーブルには、果物やお花、パイプやおもちゃといった、カラフルで楽しげな画家のオブジェが、無造作に描き込まれていました。

彼の色彩はいつも心浮き立つものであり、その絵は私に、画家アイズピリの〝冬の生活を楽しむゆとり〟を感じさせるものでした。彼は空気の香りも光の色も異なる、三つのアトリエをフランス国内に持っていて、とくに南仏ボーヴァロンの別荘には、ミモザの季節に必ず行くんだ、と語ってくださったのがとても印象的でした。

「僕は、自分に変化をもたらしてくれるすべてのものを愛《いと》おしく思うんです。季節もそう。何かが移ろうことで、僕のなかの何かが動く。それが創造のパワーになるのです。だから時折パリから離れて、いろいろなアトリエの美の神たちに会いに行くんですよ！」

二〇一六年一月に、享年九六歳でご家族に愛されながらこの世を去ったアイズピリ氏。彼のいたずらっぽい明るい性格とともに、画家の冬の日常を描いたあの作品が心に浮かびます。年を重ねて凝り固まるのではなく、常に、変化を生きるパワーに変えていく彼の生き方。天上でも今ごろ、美神になにやら語りかけていらっしゃるのではないかしら。

## パリジェンヌと香り

日本で二月といえば、女子から男子へのセント・ヴァレンタインズデーの贈り物、とりわけ〝チョコレートの狂想曲〟がマーケットを席捲しますね。

ところがパリでは、この日は恋人たちの日であって、双方向にカードや贈り物がなされます。もちろん日本のようなチョコレート狂騒曲などありません。むしろ二人だけの熱い冬の夜、というイメージ。女性への贈り物も、恋人どうしならば、ジュエリーやランジェリー、そしてパルファン〈parfum〉（香水）といった親密なアイテムが贈られます。

ところで「香り」は、パリジェンヌにとって特別なアイテムです。今宵はパーティー！というとき、ちょっと出先で遅くなってしまって、ダッシュで身繕いに舞い戻り、急いで自宅のアパルトマンのエレベーターに乗り込むと、ふーっとパルファンの香りに迎えられることがあります。

「ああ〜、もうドレスアップして出かけていった人がいるんだわ。急がなくちゃ！」

無人のエレベーターに立ち込める艶やかな香りには、華やいで出かけた人のいい「気」も混ざっています。フランス人にとって、香水は一枚のヴェールのようにまとうもの。自己表現というか、アティテュード〈attitude〉（ある姿勢を表すもの）。香りで、その人のことが少し、わかるように思います。

おしゃれな人が行き交うフォーブル・サントノーレ通りやモンテーニュ通りで、ふとすれ違った方から、遠慮がちに呼び止められて、香りを聞かれることがあります。パリの人々は、自分のパルファンを究めていて、常にアンテナを張っているのです。

ふっと吹いてきた〝風の香り〟が気になったら、あたりを見まわして、香りの主らしい人に聞いてみるしかないのでしょう。男性だって、時には臆せず尋ねてくるのです。

オテル・リッツのテラスで、友人と待ち合わせをしていたときのこと。先に到着した私は、ゆっくり話せる奥の席をリクエスト。すでに語らいの花がそこここで咲いているテーブルの傍らを通りながら、心地よい席に案内されました。するとほどなくして、ギャルソンが、白い封筒を銀のトレイにのせてやってきました。「何かしら？」と思って中を見ると、こんなことが書かれていました。

「突然のメッセージをお許しください。いま僕の傍らを通っていったあなたの香りに心を奪われました。最愛の妹に贈りたいのです。不躾ですがパルファンの名を教えてくださいますでしょうか？」

　こうしたことは、パリのカフェやホテルのラウンジ、またメゾンの試着室やソワレの席で、行きずりの他人であればあるほど、よくあります。日本人の私たちの感覚からすれば、かなり唐突に感じ、はじめは驚きましたが、さすがにもう慣れました。一期一会のパルファンを突き止めるには、確かに、香りの主に聞くのが一番ですものね。

　またある時はこんなことも。欧州最大の高級ファブリック・メーカーであるピエール・フレイ〈Pierre Frey〉の社長夫人で国際プレスも務めるロレーン・フレイとサンジェルマン・デ・プレの「カフェ・ドゥ・フロール」で朝食をかねて仕事の打ち合わせをしていたときのこと。横に居合わせたクラシカルなマダムに突然、声をかけられました。

「お仕事のお話中にごめんなさい。マダムの香り、なんだったかしら？　私、ここまで、出かかっているのだけれど……どうしても思い出せないのよ」

　思わずロレーンと顔を見合わせ、

「ええ。今日はゲランの『サムサラ』をつけています。お気に召しました？」

　と答えると、彼女は次のように言いました。

「そうよ。そうだわ！　サムサラよ。すごくいい思い出がある香りなんだけど、どうしても思い出せなかったの。これですっきりしたわ。ありがとう、いい一日をね！」

空気が乾燥しているパリでは、香りは、ドレスのようにまとう人をふわりと包み込み、風に舞いながらあたりをめぐって、パリの空に、すっと吸い込まれていきます。

香りをまとうと、瞬時に「幸せな心持ち」になります。もっと言えば、「素敵な時空」にワープできるのです。劇やオペラを鑑賞するように、「パルファンが誘う魅惑的な物語」の中に入って、五感でその〝パフォーマンス〟を享受できるから。パルファンは、いつでもどこでも、五感を瞬間で華やがせることができるのです。

パリの女性たちは、季節の変わり目や心的な節目にきたとき、自分を見つめ直して、香りを変えます。同じ香りを使い続けることで、アイデンティティを保つ人もいますが、変わりゆく自分の内面や感性を映し出すとっておきの香りを選び抜き、場面に応じて使い分ける人がほとんどです。また調香されたパルファンではなく、ナチュラルなエッセンスにこだわって、よりピュアな自然の香りに戻っていくこともあるでしょう。

またパルファンは、まとったばかりのときと、数時間たった後では、香りが微妙に変化します。いわゆるエボリューション（進化）を見せるので、まとう人を飽きさせないのです。

パッシー通りのゲラン・ブティック（＊1）は、十六区マダムの日常生活にすっかり溶け込んでいます。春の気分を呼び込みたくて、日常の買い物帰りにふっと立ち寄る十六区のパリジェンヌの姿は今も昔も変わりません。購入するのが一本のルージュ・ア・レーヴル

（口紅）であっても、パッケージを渡されるときに、必ず尋ねられることがあります。「何か香りをつけていらっしゃいませんか？　お好みがあれば、おっしゃって！」好みのパルファンを告げると、丁寧に胸や顔のまわりにスプレーしてくださいます。それが「香りをまとう」という表現にぴったりなのです。

また高級子供服のボンポワン（＊2）でも、プレゼント用にラッピングをお願いすると必ず、プレゼント・バッグにオリジナルコロンをシュッ！とふきかけて渡してくださいます。

香りをその時その時で変えて、メンタルを切り替えるパワーにするのがパリ流です。気温や湿度、そしてまとう人の体調でも、微妙に香り方は変わります。

一番肝心なことは、今の香りが、自分にしっくりきているか？ということ。パリジェンヌは、決してそれをなおざりにしません。今の感性に合わないものをまとったら、フットワークだって顔色だって芳しいはずがありません。どこか違うと感じながら香りをまとうことは、しっくりこないドレスを、がまんして着続けるようなものですから。

## フレッシュな感性を尊重して生きる

先日、友人のナタリーと、十六区のヴィクトル・ユーゴー通りでたまたま立ち寄ったお店でのこと。季節の先取りで、素敵なバーガンディー色のロングカーディガンをお召しになった、エレガントなマダムがいらっしゃいました。

「キョウコ！　あのマダムのロングカーディガン、ちょっと素敵だと思わない？」

「そうね。シルエットも素敵だし、バーガンディーの色がいいわね。どこのかしら？」

マダムのまわりをさりげなく探していたナタリーは、なんと同じ店内でマダムが着ていたものと同じアイテムを発見！　よほど気に入ったらしく、彼女にしては珍しく、即購入を決めました。するとおもむろに自分の着ていた冬のコートを脱いで、言うのです。

「今買ったのを着ていきます。こちらのコートを包んでくださるかしら？」

値札を取ってもらい、さっそく袖を通してうれしそう。パリのブティックでは、クライアントの〝気〟みたいなものを一緒にもり立ててくれます。着ていたコートを包んでもらって店を出るころには、ナタリーは、すっかり頬を薔薇色にして、さっきまでとは別人のような軽やかなステップに――。自分の人生の一瞬一瞬を、できれば、自らの感性に忠実に生きるということを、パリジェンヌはとても大切にしているのです。

## 初めてのパルファン

ところで私の初めてのパルファンは、小学生のときに贈られた「ミス ディオール」。薔薇とジャスミンの、クラシカルでやや深みのあるフレグランスです。こんなふうに言うと、「子供時代からパルファン?」と苦笑されそうですが、フランス好きの両親ならではの贈り物でした。ピアノの発表会やお誕生日会のときに、ほんのり香らせてもらったのだと思います。

この香りは歴史が古く、第二次大戦後の一九四七年二月十二日、メゾンディオール初のクチュール・コレクションで、革命的なスタイル「ニュールック」の発表と同時に誕生したそうです。このスタイルを通じて、メゾンが提案する新しいフェミニティ、官能的で大胆な女性の未来像が、香りにも込められていたのです。そういえば、香水のフラコンボトルに千鳥格子があしらわれていましたから、当時からクチュールとリンクしていたのですね。

香水の名前は、彼の最愛の妹、カトリーヌ・ディオールに由来するそう。彼女は戦中レジスタンス運動にも参加した自由で勇敢な女性。モンテーニュ通り三十番地のブティックで香りのネーミングを考えていたムッシュー・ディオール。そんな彼のもとを訪れたカトリーヌを見て、「あら、ミス・ディオールのおでましよ!」と、ディオールのミューズ、ミッツァ・ブリカールが発したひとことを聞いて、「ミス・ディオール! それこそ僕の香水の名前だ!」と命名したとか。花に造詣の深かったムッシューが、調香師に、「愛のように香る香水を作ってほしい」と、あえてシンプルなリクエストを出した末に生まれた、伝説的なパルファンです。

さて、私の高校時代は「シャネル十九番」。いまも変わらずあり、グリーン・フローラルの香りながら、時の経過で物語が展開するように移りゆくフレグランスです。セダクション（他者を魅了する）というより、自分らしさを育んでいたころ……。ふっと香ると一瞬、青春時代の真っただ中に迷い込んだような錯覚に陥ります。マルセル・プルーストのマドレーヌの逸話ではないけれど、香りと〝五感の不思議〟にはいつも驚かされます。

このパルファンは、一九七〇年に生まれたもの。ココ・シャネルがプライベートに、自分だけで使っていた香りを、彼女がこの世を去った際に、一般に売り出されることになったものだとか。ココが八月十九日生まれなのにちなんで「十九番」というわけです。

一方、香りにまつわるパリらしいスポットといえば、パレ・ロワイヤルにある香りの魔術師、セルジュ・ルタンスのブティック（＊3）です。彼の「パラフィンの香り〈parfum de palafine〉」と題されたオード・パルファンは、「香ってきた金木犀《きんもくせい》の香りがあまりにも魅力的なので、パラフィンに包んで親しい人に届けたいという気持ちから生まれた」というもの。パリで香りに関する大きなトピックとしては、二〇一六年にルイ・ヴィトンが世界の三大調香師といわれるジャック・キャヴァリエを迎えて、七十年ぶりにオード・パルファンを発表したことがあります。斬新な香りのアプローチがいまの時代の感性を繊細に表しています。中でも「ローズ・デ・ヴァン〈Rose des Vents〉」は薔薇の香りの神髄と爽やかさをあわせ持つ芳しい香りで、私は大好きです。

これからもパリジェンヌの香り伝説は、乾いたパリの空気に乗って、物語の豊かさと深みを増していくことでしょう。香りはなんといっても、インティメイトな装身具。パルファンのコレクションの数以上に、たくさんの恋の物語も生まれていきそうです。

## ウインザー公爵夫人のブローチが教えてくれたこと

かなり以前の、例外的に暖かかった二月のこと。カルティエのアイコンである「パンテール（豹《ひょう》）」の新作コレクションのプレゼンテーションが、パリで開催されました。その際、過去の作品の中でも際立って素晴らしい作品だけを集めたコレクションの中から、「パンテール」に関連した歴史的なピースを特別に見せていただく機会に恵まれました。コレクションの所在地、ジュネーヴに一日がかりで出かけることになり、写真家や日本のプレス関係者たちとご一緒しての長い一日となりました。

とくに興味があったのは、日本でも著名な「ウインザー公爵夫人のブローチ」。一九四九年にウインザー公爵夫妻がパリのカルティエで購入したブローチです。百五十二・三五カラットのカボションサファイヤの上に、ダイヤモンドのパンテールが君臨する印象的な作品で、まさにカルティエのエンブレム的な逸品でした。

パリの早朝、自宅にさし向けられたクルマで空港へ。朝六時台のスイスエア、ジュネーヴに仕事で通う人々がよく使う早朝便で、クリスティーズの宝石部門のトップ（当時はクリスティーズパリの社長。現在はクリスティーズヨーロッパ・アジア会長）であったフランソワ・キュリエル氏にお会いして言葉を交わしました。

「早朝からおそろいで、ジュネーヴに何か大切なご用事ですか？」

事情を話すと、さっそく目を輝かせて興味津々のご様子。

「僕もぜひとも、ウインザー公爵夫人のブローチを拝見に伺いたいものですね！」

さて、一時間あまりのフライトでジュネーヴに到着。ヨーロッパの主要都市の中でも、空港から市内が近い地理的なメリットで、撮影会場のホテルへと早々に着きました。

「カルティエ コレクション」の当時の担当ディレクターのパスカルから概要説明を受けた後、撮影できるピースがテーブルの上に披露されました。一九二七年ごろのパンテールのヴァニティ・ケースとか、三十年代のコライユ（珊瑚）のブレスレットで、バックル部分にオニキスとダイヤモンドでパンテール・モチーフがあしらわれたものなど、実に多彩。

ただこの日の主役は、なんといっても「ウインザー公爵夫人のブローチ」です。

ウインザー公爵とは、イギリスのエドワード八世のこと。「王冠をかけた恋」と当時世界中のマスコミで取り沙汰されたように、離婚歴のあるアメリカ人女性、ウォリス・シンプソン夫人との結婚のために、イギリス王位を捨てたプリンスです。国王を退位してウォリスとの結婚を選び、晴れてウインザー公爵夫妻となった二人は、イギリスを逃れフランスに渡ります。そこで彼らは、パリ市が彼らに贈った、パリ十六区のブーローニュの森の中にある邸宅に落ち着き、華麗なパリの社交生活を楽しみながら、晩年を過ごしたのです。カルティエを「王の宝石商、宝石商の王」と称したウインザー公爵の祖父エドワード七世と同様に、カルティエを贔屓《ひいき》にしたウインザー公爵は、妻のウォリスのためのジュエリーを、カルティエのパリ本店で次々と誂《あつら》えました。

この大きなサファイヤのブローチは、時代の新しい女性像であったウインザー公爵夫人を象徴するかのように、野生的でありながら品格があり、誇り高くしなやかなダイヤのパンテール（豹）をあしらった抒情的な作品。まさに「カルティエ コレクション」の中核をなすピース。普段直接に目にすることなど叶わない作品を、実際に、さらには手に取って愛でることができるということで、私はもう好奇心でいっぱいになっていました。

室内の四隅にはガードマンが配され、入退室時にはチェックを受けながらも、撮影はごく和やかに進んでいきました。

常にすごい集中力で撮り進める、写真家のT氏。四十分くらい経過したところで、次はいよいよ「ウインザー公爵夫人のブローチ」。その時、ファインダーを覗いていた彼に異変が起きました。

「うわぁ！　ちょっと休んでいいかなぁ」

そう言って、カメラからおもむろに離れたのです。「どうしたのかしら？」とあわててファインダーを覗かせてもらうと、そこには、なんとも表現し難い、不思議な閃光《せんこう》が立ち込めていました。

それは、サファイヤやダイヤ、オニキスの輝きとも違う、強いオーラのような光で、私もそれ以上は見続けていられないほど。ジュエリーの中に吸い込まれてしまいそうな力。宝飾の取材でこうした経験は、もちろん初めてのことでした。

私たちの動揺に気づいたスタッフの方々が飛んで来て、カモミール・ティーをいれてくださいました。

「もしかして、ジュエリーが、強烈に語りかけてくるのではないかしら……？」

当時の「カルティエ　コレクション」のディレクターにそう言われて、無言でうなずく私たち。

それにしても、あれはいったい何だったのでしょう？　イギリスの国中を動揺させながらも、エドワード八世に結果的に王位を捨てさせて、シンプソン夫人からウインザー公爵夫人へと、思いを遂げていったウォリスの、あふれんばかりの魅力のオーラでしょうか。それとも、ウインザー公爵がウォリスに抱く、愛のパワーでしょうか？

わかる由《よし》もありません。でも貴金属と貴石という、本来、無機質なはずのジュエリーが放つ輝きとは違う、突き抜ける閃光のような瞬きと、強い魂のきらめきのようなものを、確かに目の当たりにしたのです。ジュエリーの持ち主がこの世を去って久しい今、それがジュエリーに脈々と息づくことに、衝撃を受けました。

この思いをさらに強くしたのは、午後の休憩時間。同じく「カルティエ コレクション」の重要なピースであるジャン・コクトーの「サーベル（刀）」を、コレクションの所蔵地の金庫で特別に見せていただいたときです。それは一九五五年にコクトーが、アカデミー・フランセーズのメンバーに迎えられたとき、友人たちがカルティエにオーダーした記念の品でした。

コクトー自らが描いたドローイングに基づく独自のデザインは、オルフェウスの横顔、劇場のカーテンのうねり、木炭クレヨン、詩人としてコクトーが使用している封かん、それにパレ・ロワイヤルの門が描かれ、柄頭《つかがしら》を飾るエメラルドは、ココ・シャネルから贈られたものだとか。当時のパリのさまざまなジャンルの傑出した才能のオーラが、そこに結実し、息づいているのを感じたのでした。

厚い岩盤の下で長い年月をかけて育まれた貴石がジュエラーに届けられると、華麗な宝飾が誕生し、歩みを始めます。その壮大な時間軸から考えれば、宝飾が最初の持ち主と過ごす時間は、ほんの束の間のこと。その後も持ち主を変えながら、最後には、制作したジュエラーのミュージアム・ピースとして〝終《つい》の住処《すみか》〟を得るまで、人の生命の縮尺とは比較にならない膨大な時間を旅します。その過程で、底知れない「生命力」を宿してゆくのです。

人とジュエリーの時間軸の逆転に気づいて、改めて人生を少し引いて眺めてみると、所有しているはずの人間が、宝飾の束の間のパートナーに〝選ばれている〟に過ぎず、互いの出会いもどこか神秘的にすら感じられます。人生の姿や形が、いつもと少し違って見えた、二月のジュネーヴの忘れえぬ一日でした。

（＊1）ゲラン・ブティック〈Guerlain Boutique Passy〉93 rue de Passy 75016 Paris
（＊2）ボンポワン〈Bonpoint〉6 Rue de Tournon 75006 Paris
（＊3）パレロワイヤル・セルジュ・ルタンス〈Palais Royal - Serge Lutens〉Jardins du Palais Royal 142 Galerie de Valois 75001 Paris

# M a r s

3月——春支度と、季節がもたらすビヤンネートル

## 春を迎える風景

ヨーロッパの山々で、思い切りアクティヴに過ごしたスキー・ヴァカンスから戻ると、パリはもう三月。ヴァカンスに出る前は、はるか遠くにうっすらと見えていたに過ぎなかった春の兆しが、ブーローニュの森のすぐそこまでやってきます。

あらゆる生命が芽生え、その息吹をふと頬に感じるとき。長く街を覆っていた、グレーと白が織りなす冷たいモノトーンの冬景色が、ある朝、ぱっと淡いピンクのパステル調の風景へと移ろい、ゆっくりと躍動を始めます。まるで、〝一年の朝〟を迎えたようなすがすがしさを感じるとき。待ちに待った「光の季節」の到来です！

人々の心には、芽生えたばかりの蕾のようなフレッシュな感性が宿り、言いようのない幸福感が、ぐんぐん大きくなっていきます。それは、春まだ浅いパリの三月、ふっと舞い込む季節のマジック。新しい希望と健やかな充足感に満たされる瞬間。まさにこれが、フランス語の「ビヤンネートル〈bien-être〉」（心身の心地よさや健やかさ）なのです。

白銀の世界でスキー・ヴァカンスを存分に過ごしたパリジェンヌたちも、街に戻ればさっそく、肌や髪のお手入れが必要になり、休暇明けのサロンは一気に混み合います。休暇中は長期休業で静まり返っていたパリのサロンに、パリジェンヌたちが続々やってきては、休暇中の会話を繰り広げ、パリのサロンの日常が戻ってきます。

こうしてリフレッシュを済ませた彼女たちが、サロンを後にするころには、パリの街もすっかり春を迎える準備ができています。パリジェンヌたちは、新しい〝美のパラダイム〟が立ち上がった街に、新しい「リュクス」を探しに出てゆきます。

シャンパンの泡が弾けるような春の光や、遠景に広がる淡い色彩の空、それにパリの歴史的建造物のマットな色調が相まって、なんともいえない夢見心地な風景を生み出す三月のパリ。一瞬たりとも同じ構図はなく、偶然が織りなす美しい景色の数々は、まさにパリがパリたるゆえん。信じられないほど美しい情景が、そこここで繰り広げられるのです。

## サングラス新調のとき

春一番の清らかな光がパリを照らすとき、パリジェンヌがまず、すること。それは、新しい季節のサングラスを探し始めることです。

まっさらな春の光は、できれば「新しいアイウエアで！」と思うから。サングラスを探す、という行為そのものが、待ち望んだ季節の到来を祝うセレモニーなのかもしれません。

ある時、友人のセシルが言いました。

「キョウコ、春一番のサングラスを探しに行かない？　映画『ミラノ、愛に生きる』の主人公役のティルダ・スウィントンがしていたような、ロマンティックなものを！」

三月といっても、パリではまだまだ気候が定まらず、肌寒く曇りがちな日が続きます。それでも陽光に恵まれた日は、コートを着たまま、寸暇を惜しんでお気に入りのカフェのテラス席に座り、スキー・ヴァカンスで充電してきた〝光のマイレージ〟が減ってしまわないように、光の礼賛を一心に引き寄せるのです。

そんなときにぴったりなのが、左岸のエコール・ミリテール近くの広場に面したカフェ・レストラン「レスプラナード」。週末にはシックなカップルや家族連れが訪れ、この季節でも、広場に降り注ぐ太陽の光を存分に楽しみながら、快適なランチをとれる絶好のロケーション。ぜひ新しいサングラスをまとって出かけたいと思うのです。

一方、三月の半ばになると、おしゃれなパリマダムならば、どんなに外気が冷たくても、冬の間着ていたファー・ファッションには袖を通さなくなります。代わりに、ダブルフェイスのカシミアのコートや、軽やかな短めのコートをまとうようになります。足踏みしている春を、ぐっと引き寄せたいと願う心の表れかもしれません。

本格的な春夏コレクション前のこの装いが、一月ごろに出される「クルーズ・ファッション」とか、「プレ・コレクション」と呼ばれるもの。パリに住む前は、どうして春物なのに、必ずカシミアやウール仕立ての単衣《ひとえ》のコートやジャケットがあるのかしら？と不思議に思っていましたが、実際に住んでみて、パリの気候に即した装いなのだと知りました。

三月も末になると、そんな軽やかなコートに着替えて、春一番のそぞろ歩きに出かけたくなります。そう、やわらかな光の、少し暖かい午後を選んで――。

## 街の風景に浮かび上がる時代の美意識

新しい季節には、新しいシルエットやカラートーンをまとったパリジェンヌたちが、小気味よく街を歩いて、パリの風景をどんどん変えていきます。カフェに、それこそ一日座っていたら、その時の美の「ニュアンス」がわかります。「カラフルなのか、モノトーンなのか？」「ノスタルジックなのか、モダンなのか？」という具合に。

ただパリは、皆が同じトレンドに飛びつくような〝ユニフォーム的な街〟ではないので、美を読み解くにはある程度、観察眼が求められます。それでも、「今、どんな美のメロディーが奏でられているか」は、わかります。人が行き交うパリの風景には、時代の美意識や人々の思いが映るのです。眺めているだけで、いろいろなことがわかるのです。

さて、シーズンはじめのシンボリックな光景として、一斉にリニューアルされるメゾンのウインドー・ディスプレイと、それを厳しい眼差しで覗き込むパリマダムたちの立ち姿があります。美しくブローシングされたヘアスタイルが物語る、パリマダムの洗練されたライフスタイルや美意識と、いまの時代のクリエーターが紡ぎ出した斬新なクリエーション。両者のコンフロンテーション（対峙）こそが、パリという街の、美やエレガンスの進化の鍵を握るのです。

世界中から、「芸術の都」「モードの都」であるパリに、自らの美意識だけを信じてやってきた類い稀なる才能が、厳しい競争に勝ち、メゾンのアーティスティック・ディレクターとして手腕を振るいます。彼らの作品はパリの息吹を宿し、世界中に送られて、だれかの日常のシーンで躍動し、その魂を輝かせます。このプロセスを、パリでは目の当たりにすることができます。そしてパリでは、「エレガント」かつ「シック」の化身であるパリマダムたちが、その成否に審判を下すのです。時にその評価は、世界のファッショニスタの論調とは、いささか異なる場合もあります。ですが、後になって理があったとされるのは、意外にもパリマダムたちの率直な感性であったりもして、彼女たちの反応は侮れません。

そんな彼女たちが、シーズンのはじめにワードローブに加えるアイテムとは何でしょう？

それは、新しいシルエットのジーンズかもしれないし、流行色にまつわるアイテムかもしれません。あるいは、ファッション業界が四、五年に一度投入する、新しいシルエットの基本となる、装いのニュアンスをがらりと変えるアイテムかもしれません。

いずれにせよ、パリの女性が「自分のワードローブに何を取り入れるか？」は、非常にパーソナルなことであって、画一的な現象は起こりません。ひとりひとりのパリマダムが考えるのは、「自分の色彩やスタイルにそぐうものか？」「フレッシュな感性であるか？」「まとうことで、自分の中の何かが動き、ハートをきらめかせてくれるものか？」であって、「みんなが着ているから」は、取り入れる動機にはならないのです。

## パリマダムが新たにワードローブに加えるアイテムとは？

季節のはじめに、パリの女性たちが、ブティックのウインドーなどを怖いくらいの真剣な表情で熱心に見つめる姿は季節の風物詩で、しかもそれは流行のトレンドをあれこれ買い求めるためではない、ということは、お話しした通りです。

パリジェンヌは、いわゆる「パノプリ（鎧《よろい》）」と揶揄《やゆ》されるようなトータル・ファッションで身を飾る（武装する?!）ことを、シックでないと考え、また、ファッションにむやみにお金をかけることも、「スマートでない」として好みません。

とくに百戦錬磨のおしゃれの達人、十六区マダムたちは、自分に似合うスタイル、色、プロポーションやニュアンスを、自分の人生の時間に見合うだけ試行錯誤して知り尽くしていますし、すでに秀逸なアイテムをいろいろお持ちです。ですから、今あえてワードローブに加えるとなれば、かなりのハードルをクリアしたものになるはず。そのポイントは、「現代の美のエリートたちによって、時代の最先端で生み出された感覚であること」に加えて、「自らの〝リュクス感〟を満たしてくれるものかどうか」という点にあります。

それを直感で、瞬時に見極めるには、あらゆる最新の美を、感じ取っておく必要があります。デフィレ（ファッションショー）ばかりでなく、ウインドー・ディスプレイや、街の風情からも。パリは、いつの時代も、ファッション、アート、音楽、カルチャーといったものが相互に関わりを持ち、ひとつの〝時代のニュアンス〟みたいなものを、街全体で創り出しているところ。だからパリマダムは、街歩きを疎かにしないのです。

新しいシーズンに自らのファッションを選ぶことは、自分のいまのスタンスを決めること。新しい季節に臨む「姿勢」、フランス語で言う「アティテュード〈attitude〉」を、自分に対しても、外に対しても表すことなのです。

今の心持ちに、ぴたりとくるモノを選ぶこともあるでしょうし、「なりたい自分」をぐっと引き寄せるために、少し背伸びをしてセレクトすることだってあるでしょう。意識しているか否かは別として、その人のファッションには、「いま」に向き合う、自分の〝姿勢〟や〝心〟が、驚くほど映っているものです。

また、あえて意図的にコーディネイトすることで、自分の心持ちや外への見せ方をうまくコントロールするおしゃれ上級者たちも、パリの街には多くいます。

十六区のおしゃれなマダムたちにしても、たとえばコンテンポラリーな装いをあえてセレクトしていたら、心の扉がきちんと「いま」に向かって開いていることがわかりますし、アクティヴな社交の輪をお持ちであることがうかがえます。また、フットワークが少し怪しくなっていらしたシニアマダムが、これまでのエレガンス一辺倒の高級な装いを解いて、どこかスポーティーな軽やかな装いを選んでいれば、ノスタルジーよりむしろ、時代の流れや現在に対して、前向きに進みたい心が見え隠れします。

何年か前の「ブルジョワ・ボエム」に端を発したラグジュアリーなアーバン・ボヘミアン・スタイルは、高品質な素材であっても、これ見よがしの贅沢なスタイルを嫌う、パリジェンヌらしい「アティテュード」。まとう人のエスプリが際立ちます。

## マドモワゼルのおしゃれ、マダムのおしゃれ

ところで、大学生くらいの若いパリジェンヌの日常スタイルはどうか？というと、ごくナチュラルで、お化粧は、せいぜいマスカラと口紅くらい。良家の子女の日常の装いも、素材の良いきれいな色のセーターに、シンプルなシルエットのジーンズとブルゾンが定番。

時には、お手ごろなパリのマドモワゼル・ブランドのワンピースなどを着ています。程よいカジュアル感があり、シンプルかつ軽やか、若さ弾ける彼女たちの魅力をそのまま引き立ててくれるもの。親たちも若いときならではのフレッシュな装いをさせようとします。

二十代から三十代もこの延長上にあり、気軽に新しいスタイルを楽しめる、リーズナブルなブランドのものを取り入れます。最近は、ほとんどのパリジェンヌが仕事をしていますから、家庭と両立させるためにもおしゃれには時間の節約が求められ、シンプルな身支度が支持されています。さっと着用すれば、即、決まるファッション。程よいモード感のあるワンピースや、新しいシルエットを加味したフレッシュなスタイルがそれで、凝ったコーディネイト術がなくても着こなせるものばかりです。

パリらしいおしゃれに拍車がかかり、個人のスタイルができあがってくるのは、四十代、五十代のマダムになってから。もっともっと年を重ねて、女性としての経験を重ねるほどに、おしゃれの技やグレードも上がってきます。とうの昔に完成している十六区シニアマダムのエレガントなワードローブに、いまの時代のエッセンスを、ほんの少し加えるだけで、新しい魅惑的な装いができることを、彼女たちは経験からわかっているのです。

## 自分のスタイルを、常にデザインする

十六区マダムが身に着けるものは、たとえ日常着であっても、その日その日で〝装いのストーリー〟があり、そこには独特のパリらしいテイストがあります。

私にとって一番はじめの印象的な十六区マダム、エレガントなエリザベット。いつもハイファッションの彼女と意外にも、パッシー通りのザラ（ZARA）でお会いしたことがありました。実のところ、おしゃれな十六区マダムたちも、時代の旬なエッセンスをちょっと取り入れたいとき、ザラやH＆Mをご愛用なのです。

そのときも確か、モードのシルエットが、数年ぶりに大きく変わるタイミングでした。彼女は当時多くのメゾンが打ち出していた、ふんわりふくらんだひざの丈のスカートをフラットシューズに合わせ、試着に余念がない様子でした。ふと視線が合うと、真剣な表情をぱっと解き、照れくさそうに語りかけてきたのです。

「まぁお久しぶり！　お元気だった？　ねえところで、これどうかしら。お散歩のとき、今年らしい春の風に、ふんわりのせてくれるアイテムだと思わない？」

さりげない言葉でしたが、彼女のこのコメント、「なるほど」と思いました。

後日、そのお手ごろなスカートに、クラシカルなブルゾンを合わせ、気持ちよさそうに犬の散歩を楽しむ彼女を見かけました。日常のごくカジュアルな一シーンですが、そんな時でも、自分の感性をフレッシュに輝かせながら快適に過ごすことを怠らないのです。しかも最小限のコストで工夫をし、ひと手間かけて賢く実現しようとする。これはファッションというより、ひとつのライフスタイル術、もっと言えば人生術なのかもしれません。

エリザベットが着用すると、たとえザラのものでも、「ロシャスかバレンシアガの新作かしら？」と思わせるほど、十六区の風景に映えて、ぴたりとエレガントに決まるから不思議！　御年七十代前半だと思いますが、ある日はスポーティー、またある日はロマンティック。いつお会いしても装いにストーリーがあって、楽しい日常がうかがえます。

コンサバで優雅な十六区マダムたちですが、年を重ねて、そのおしゃれのパワーは鈍るどころか、ますます研ぎ澄まされてパワーアップしているのがわかります。おしゃれにまつわる経験の数々と、厳選してコレクションしてきた魅惑的なアイテムの数々で、豊かな、自分ならではのファッションが可能になるのでしょう。

そしてこのことは、メゾン、家の中だって同じです。年を重ねるほどに、魅惑的な感性が織り込まれて、ますます洗練され、素敵になっていくのです。その意味で、パリでは、シニアマダムになってからが一層楽しくなってくると言えます。

パッシー通りの、わが家のそばのカフェのギャルソンが、こんなふうに話していました。

「まったく、このあたりのシニアマダムのエレガンスとモダンさには脱帽だね。若い娘たちより、ずっと新しいモノやコトに通じているし、世の中の流れに敏感さ。第一、身のこなしだって抜群で垢抜けているよ。エスプレッソを飲みに来てくれるときも、本当にご機嫌な人たちだよね。彼女たちにうちのカフェを選んでもらえて光栄だなぁ」
年を重ねても、若いギャルソンたちに、こんなふうに言ってもらえるなんて素敵です！

## パスカル・ミュサールのエレガンス

パリで仕事をし始めて間もないころ、フランスプレス界きっての辛口の論客の方たちに、「パリでエレガントな女性といえば、どなたを思い浮かべますか？」と尋ねてみたことがあります。すると、「それはもちろん、エルメスのパスカル！」と即座に答えが返ってきたものです。

マダム、パスカル・ミュサール。エルメス創業家六世代目の末裔《まつえい》のお一人で、一九七八年入社以来、エルメスのあらゆる部門で才能を発揮し、豊かな創造力と素材への愛情といったエルメスならではの美意識をあわせ持つ、まさにエルメスを地でゆく存在です。現在、世界中で爆発的な人気を博しているエルメスの「プティ アッシュ」を創設したことでも知られるパリジェンヌです。自由な発想でウイットに富む、モダンでおしゃれな作品を生み出し、同時に、ご自身の豊かな〝美のパレット〟で、多彩でファンタジックなファッションを紡ぎ出す魅力的な女性なのです。

ただ、私にとって「パスカルの魅力」といえば、その洗練されたクリエーションや装い以上に、彼女の柔和で優しい人柄や、エレガントで細やかな内面が醸し出す、独特のノーブルな存在感がまず思い浮かびます。しかも彼女は、確かな教養とウイット、それにパリのエスプリにあふれ、優れた詩的素養もあわせ持っているのです。

あのときも私は、エルメスのフォーブル・サントノーレ店のすぐそばで仕事があり、帰りにいつも仲間と立ち寄る、ブティック脇のカフェでひと休み、カフェのギャルソンも交えて、スキー・ヴァカンスの話に興じていました。すると大きなバイクが、エルメスの通用口に止まり、待機しているのが見えました。

ほどなくして、中からオールインワンにヘルメット姿の女性が颯爽と出てきて、バイクの後部座席に乗り、まさに出かけていくところ。私たちは、その躍動感あふれる、ちょっと映画のようなシーンを横目で眺めながらも、まだこちらの話に興じていました。すると、その女性が、どうやらこちらに向かって手を振っているではありませんか。

「あら、だれに手を振っているのかしら?」

ピンとこないでいる私を見て、女性はとうとうあきらめたようにヘルメットを脱いで、ほほえみながら、こちらの方へと近づいてきました。なんと、パスカルでした。

「パスカル! 全然わからなかったわ! これからどちらにお出かけなの?」

「キョウコ! まぁ気がつかなかったの? 今からデフィレのリハーサルなのよ!」

翌週に控えたエルメスのショーに関しては、完全にコンフィデンシャル。ですからその話題を懸命に避けて、ひとしきり談笑した後、彼女は再びヘルメットを被り、ファッショナブルなバイクの後ろに乗って、猛スピードで出かけていきました。

またある時、エルメスの工房があるパリ郊外のパンタンで開催された、新シーズンのプレゼンテーションでは、シックなパンツスーツ姿で、スタッフへスマートに指示を出していたパスカル。インテリア雑誌の「プティ アッシュ」のアトリエ取材のページでは、フューシャーピンクのミニドレスに同色のタイツを合わせ、ファンタジックでポップな楽しい装いだったパスカル。彼女は、その時々のシーンやニュアンスにぴたりと合った装いを、豊かに〝デザイン〟することができる女性なのです。

そうそう、こんなこともありました。日本から来ていた母とエルメス本店を訪れたとき、たまたま店内に顔を出していたパスカルと遭遇し、あいさつを交わす機会がありました。そのとき彼女は、ミニ丈の、ボヘミアン風の巻きスカートをお召しでした。

「キョウコのお母さまに初めてごあいさつするのに、今日の私のスカートは短すぎだわ！」

と、顔を赤らめ、スカートの裾をさりげなく気にしながら、私にそう囁くのです。

ファッショナブルである以前に、人としてのエレガンスをわきまえた本物のレディー、パスカル。ファンタジックなファッションをまとっても、どことなく気品が漂うのは、彼女の内面から発せられる本物のエレガンスのなせる業かもしれません。

パスカルが創設したエルメスの「プティ アッシュ」は、製品にならなかった革やシルク、クリスタルやメタルなどを素材に、エルメスならではのエスプリを吹き込み、外部のデザイナーとのコラボレーションにより、自由な発想で遊び心あふれるオブジェを創作する部門。おしゃれでウイットに富んだ、エルメスらしいリュクスです。

エルメスの「プティ アッシュ」の世界的な成功は、自由な発想と豊かな創造力でしなやかに生きるパスカルらしさが、存分に発揮されているからではないでしょうか。

## 太陽の光を希求する気持ち

ところでパリには、日本のような美白至上主義はありません。冬の間モノトーンの情景に閉じ込められているので、スキー・ヴァカンスでは、ゲレンデでもテラスでの食事の際も、皆ひたすら〝ひまわり〟のように、サングラスごと太陽に顔を向け、光のチャージに余念がないのです。ある時、サンモリッツで友人のナタリーが、その美しい肌に容赦なく太陽光線を浴びせかけていたので、

「ナタリー、そんなに焼いてしまって大丈夫なの?」

と尋ねると、彼女は笑いながら、次のようにきっぱり言うのです。

「キョウコ、いい気持ちよ〜！　ただ今、太陽の美容液を注入中！（笑）顔は人生のキャンバスでしょ？　いつまでも白紙のままじゃ、つまらないじゃない。このご機嫌な太陽の光を、しっかり私の体に充電しておかなくちゃ！」

ロマノフ王朝のプリンセスを思わせるナタリーは、サングラスの跡など、一向に気にしない様子。それより生命の中枢に「光のパワーを蓄積したい！」という衝動が優先します。

この「衝動」に医学的な根拠があるのかはわかりませんが、ある種の生理的欲求のような、「光を希求する感覚」が私たちにはあるようです。ただ、彼女と同じ気分で、太陽と思い切ったお付き合いをしてしまうと……あとで大変なことになるのは確実です！

かくして、休暇明けのパリのサロンには、冬のヴァカンスから舞い戻ったパリジェンヌたちが一斉に駆けつけるので、予約を取るのも大変です。くっきりついた逆パンダの日焼け、ゲレンデで陽にさらされてバサバサになった髪、どう見ても即、施術が必要なパリジェンヌでいっぱいになります。

## 「サロン」という女性たちの社交場

ある時期、私が通っていたパリ八区のサロンでは、施術を受ける傍ら、簡単な軽食もとれて、ちょっとした会員制の女性クラブのようでした。現在通うサロンでも、信頼できるテクニシャンを介して、貴重な情報が思いがけなく得られることもあります。評判のハマムやタラソテラピー、話題のハンドマッサージの隠れ家的サロンといった情報も、ここでのおしゃべりから。いくつかの社交の扉を開けてくれた女友達とも、考えてみれば、サロンでの何気ない出会いがきっかけでした。

自分にとって、一番大切なパートナーと過ごすリラックスタイムは、ドレスを脱いでメイクも落とした後の、ごくくつろいだ時間ですから、作り込んだ外出時の姿ばかりでなく、ありのままの姿が美しくなければ話になりません。ですから、そのためのお手入れは、パリジェンヌに共通する、プライオリティーの高い時間といえます。

こうしたサロンでは、さまざまな年代の魅惑的なマダムや、若さ弾ける美しい娘たちが行き交います。同じサロンを選んでいる親近感から、時には技術者を介して言葉を交わし、共通の話題で盛り上がることもあります。普段、街では見かけないような深窓の夫人、著名な女流作家、政治家など、エレガントな先輩マダムと幸運にも遭遇できると、ちょっとうれしい「事件」になります。

かくして、パリの街に、ヴァカンス明けのお手入れを済ませ、きれいに毛先をカットし、ブローシングされたパリジェンヌたちが続々出ていくころになると、いよいよ待ちに待った季節の到来。吹いてくる風にも春の香りが混ざっています。

Mars/3月

長年のパスカルの仕事場、パリ郊外のパンタンのアトリエのエントランス。エルメスのエンブレム的存在である美しいペガサスのオブジェが印象的。

エルメス創業家6世代目のマダム パスカル・ミュサール。

新しい季節がめぐり来ると、パリの人々は、エルメスのフォーブル・サントノーレ ブティックのウインドーに注目。時代を牽引するパリの美意識のルーツ。

春一番の光が差し込むと、16区のカフェ「フランドラン」のテラス席に繰り出します。春めいてきた街の風景に身を置いて、みんなでランチを楽しむのが恒例。

スキーヴァカンス明けのサロンには、白銀の世界でリフレッシュしたパリジェンヌの笑い声が響きます。技術者にとっては、お手入れしがいのあるクライアントが押し寄せる、まさにかきいれ時!

そぞろ歩きができる季節になると、フットワーク軽やかな装いで出かけます。パリのモードは、いつもパリの街が舞台装置になっている！

「ショコラ・ショー」のウインドー。いつも物語性のあるエレガントなシーンを描き出していて、前を通るだけでロマンティックな気分に！

エッフェル塔を右手に見て広場を渡り、振り返ると、革命祭の花火の際に素敵なソワレを催す友人宅の瀟洒なバルコニーが見える。

トロカデロ広場のシテ建築遺産博物館は、見ごたえがあっておすすめ。

ガリエラモード美術館のエントランス。瀟洒でエレガントな、大きな鉄製の門扉が美しい。

紺碧色の空に16区らしいオスマン調のアパルトマンが美しい。プレジダン・ウィルソン大通りを歩きながら。

子供のころから大好きな、ガリエラ宮の小庭園風景。

ガリエラ宮の門扉。エレガントなガリエラ宮と、のどかな小公園のたたずまい。

アパルトマンの中庭やテラスには緑があふれ、花が咲きこぼれる最高の季節。

自宅前で仕事へのクルマを待っているところ。その日にお目にかかるクライアントの雰囲気をほんのり加味した装いが基本。

天気のいい日は、こんなふうにテラス席がだんだん主流になってくる。私の大好きな16区のカフェ・レストラン「フランドラン」で。

ノルマンディーのドーヴィルの早朝、海岸をお散歩する愛らしい馬たちに遭遇!

緑いっぱいのおもてなしは、開放的でリラックス、乾いたパリの空気にもぴったり。家から近い16区の美しいオテル・パティキュリエ（邸宅）にて。

季節がよくなってくると、こんなふうに自宅のテラスでくつろぐ隣人の姿が目立ちます。

平日のある日、思いたって自宅での軽めのランチに女友達をお招き。ファンタジックでストーリー性のあるデコレーションで、フレッシュな感性を楽しむ。

初夏からのパリは、蒼い大きなパリの空を仰ぎながらの屋外の社交が主流。「オテル・ブリストル」のメイン・レストランのテラス席。朝食も最高に気持ちいい！

からっと心地よい6月のパリは、マリアージュの季節であり、屋外のイベントも目白押し。ジェットセッターの仲間たちもパリに集う。

ブーローニュの森にできた、新しいパリのアートの聖地のひとつ、フォンダシオン ルイ・ヴィトン。帆かけ舟のような印象的なアーキテクチャー。

パリで一番シックな社交クラブ、ポロ・ドゥ・パリでのシーズン恒例のポロの決勝戦。

コンクール・デレガンス。エレガンスを競うクルマの祭典だけあって、芝生の上に並ぶクルマも、集う人々も、とってもノーブル！

ジュエリーメゾン、ピアジェの創業家出身のイヴ・ピアジェ氏の名をもつ Yves Piaget（イヴ・ピアッチェ）ローズ。

エレガントな逸話に事欠かない、薔薇の庭園バガテル。遠方に見えるのは、夏にリサイタルが開催される音楽堂。

オートクチュールのファッション・ウイークには、ハイジュエリーのプレゼンもあって、ヴァンドーム広場界隈でランデ・ヴーに追われます。合間にリッツ・パリでちょっと休憩。

ヴァカンス前の社交行事、オテル・ブリストルの中庭で開催される恒例のガーデン・パーティー。会を締めくくるのは、地中海の船旅も当たる総支配人主催のくじ引き!

7月14日の革命祭の夜に、パリ市が催す恒例の花火。わが家からもこんなにきれいに見えます。ファンタジックでリズミカルなパフォーマンスに酔う!

印象的なクチュールのデフィレといえば、2007年1月ロダン美術館でのムッシュー・ヴァレンティノの引退時のショーが間違いなくそのひとつ。

オートクチュール・メゾンの老舗、ショッキングピンクで一世を風靡したスキャパレリのヴァンドーム広場のサロン。さぁ、デフィレが始まる!

遊びに来るたびにどんどん進化して洗練されるマリー=フランスのセーヌ左岸のお宅。

ボンポワンとメルシーの創業者、マリー=フランス・コーエン。彼女の左岸の邸宅のキッチンでおしゃべりした際の一枚。

「ラ・ギャール」の午後のテラス。すでにヴァカンスから帰ってきた人が訪れ、穏やかな時間が流れて、なんだかヴァカンス先みたい。

夏空に美しいエッフェル塔。

# Avril

4月――そぞろ歩きの季節

# パックの休暇のころ

「四月のパリの気候はどうなのかしら……？」

こちらに旅してくる友人たちに、こう尋ねられるとき、いつも少し困ってしまいます。なぜって、年によってまるまる一シーズン、陽気が違うときがあるから。

日本の四月といえば、桜の季節。フレッシュマンを迎え、すべてが一斉にスタートをきる新年度の始まり。だれもが襟を正し、希望に胸をふくらませる、ぴっかぴかの季節。少しくらい寒くても、冬のコートはさっと脱いで、新しい季節へと入っていくときですね。

パリも間違いなく「春」なのですが、そうかといって春の軽装で一日外出できるわけではなく、少なくとも月末まではコートは手放せません。ただ、遠景に広がる夕焼けはアプリコット色に輝いていて、季節戻りの寒い日の終わりにも、「明日は、春らしい一日になりそう！」と、明るいサインを送ってくれます。

街の風景は、パック〈pâques〉（イースター：復活祭）のパステル色のディスプレイで華やぎ、昼間がどんどん長くなって、開放的な気分に向かいます。カフェでは、パックの休暇や週末の話題でもちきりに。パリジャンの多くが郊外に持つ「田舎の家」での長めの週末や、近場の小さなヴァカンスに、楽しい思いをめぐらせる季節です。

パリの四月は、こんなふうに休暇がちで、穏やかに流れていきます。気候が暖かくなってくると、パリジェンヌが大好きな「そぞろ歩き」もできるようになります。春の装いで意気揚々と出かけられるのも、そろそろこのあたりから――。

## 「パリのそぞろ歩き」のすすめ

「そぞろ歩き」というと、ずいぶん暇そうに聞こえるかもしれませんが、とくにこれといった目的を決めないで気ままに出かける、パリの街歩きのようなものです。

自分を取り巻く、目に見えない時間や空間の拘束から解き放たれて、新鮮な空気をいっぱいに吸い込み、長い年月、幾多のドラマを見守ってきたパリという街の息吹を吸いながら、ゆっくり歩いてみるということ――。これは紛れもなく、生来のヴィタリズムと、フレッシュな感性を取り戻す、絶好のエクササイズです。

「そぞろ歩き」にはいつでも出かけられそうで、これが思いのほか、できないものです。気候が暖かく屋外を快適に歩くことができること、外出の動機として差し迫った用件を抱えていないことが必須。たとえミッションがあったとしても、「またにしても構わない」といった、ゆとりのあるものであれば大丈夫。

花の香りがほのかに漂ってくれば、あたりに咲く花の気配に気づき、五感がリラックスすると同時に繊細になってくる、それが「そぞろ歩き」。仕事や約束に向かっているときとは、感性の待ち受け状態そのものが違います。

## 機内でムッシューが教えてくれたこと

そもそも、「パリのそぞろ歩き」を勧められたのは、私が二十代のころ。外資系企業の広報担当をしていたときのことです。ニューヨークからパリに向かう飛行機の機内で、たまたま席がお隣になった、エレガントなフランス人のムッシューからでした。

当時ＩＢＭの日本法人で初めての女性広報担当にアサインされ、超男性社会だった経団連記者クラブに出入りすることになり、すべてが初めてづくしの日々。朝七時前の役員用のプレス・クリッピングから、プレス対応、国内外の社内部署と連携してのプレス・リリース作成、プレス・カンファレンスのオーガナイズなど、「機密情報」に囲まれながら、深夜まで濃い時間が刻まれていました。

ようやく夏の休暇をいただき、久しぶりに緊張を解き、ふーっと深呼吸。自分らしさを久しぶりに取り戻した、そんなタイミングでのことでした。

休暇の前半を、仕事の延長のようなリズムのニューヨークで過ごし、後半はパリで友人と合流して存分に楽しもう！と、アジェンダいっぱいの予定のチェックに余念のなかった私。お隣の紳士は、そんな私をちょっと面白そうに、ご覧になっておいでのようでした。

「マドモワゼル、パリには、ヴァカンスですか？」

会話の堰《せき》をきってくださったのは、パリのラグジュアリー・メゾンにお勤めというムッシュー。今回はニューヨーク出張の帰りで、世界中どこに出かけても、パリに戻ってくる機内は至福の時とのこと。私も子供のころからのパリとのご縁をお話しし、しばしパリの魅力についておしゃべりを楽しみました。普段あまり「機上の隣人」とは話をしない私ですが、このときはパリまでのフライト時間があっという間に感じられるほど、示唆に富んだムッシューとの会話にいつしか夢中になっていました。そしてこの方なら、きっとパリでのとっておきの過ごし方について、素敵なアドバイスを授けてくださるような予感がしたのです。

「ムッシュー、何かパリでの、とっておきの過ごし方、お教えくださいませんか？」

待ち構える私に、彼はしばしほほえんで、意外にも、こうお話しになったのです。

「マドモワゼル、目的を定めず、パリの街をぶらりと、そぞろ歩きしてごらんなさい！」

「え？　パリでそぞろ歩き……ですか？　ムッシュー、私、パリでぶらぶらする暇なんてないんです！　すでに予定がいっぱいのうえに、まだまだやりたいことがあって。友達にも会いたいし、オペラもバレエも観たいし、お買い物だって……」

手帳の「Paris to do list」のページを夢中で見せる私に、彼はすっかり笑ってしまって、

「アハハ……そうですか。でもね、マドモワゼル、今回の旅でなくても、ぜひいつか、試してみてごらんなさい。たとえ半日でもいいから、パリでそぞろ歩きする時間を作るのです。そうしたら『パリ』が、あなたに語りかけてきて、大切なことを教えてくれますよ」

「パリが、私に語りかける？」

「そう。耳を澄ませば、この街に住んだ先人たちが、木陰や建物の陰から囁いて、マドモワゼルに、人生の金言を授けてくれます。そして、ある時はあなたをくつろがせ、またある時は、あなたを勇気づけ、導いてくれますよ。親愛なるマドモワゼル、あなたはまだ、パリという街の、本当の魅力に気づいていないのかもしれませんね。でも、あなたならば、きっとわかる時がくるはずです。『そぞろ歩き』をしなければ、パリの本当の魅力は味わえないのです。素晴らしさがわかるのは、それからなんですよ」

この休暇中に、ムッシューのおっしゃる「そぞろ歩き」ができたかどうかは、正直のところよくわかりません。ただこのときのムッシューのお言葉や表情は、今でもまざまざと覚えていて、彼の語らいが、私にとって大切な意味を持つものであることは、当時の直感でもなんとなくわかりました。でもその真の意味を理解できるようになったのは、パリに住むようになってから。もう少し、時を経てからのことだったと思います。

## 「そぞろ歩き」はすべてを解放する魔法の時間

「そぞろ歩きって不思議ね。歩き始めると日常のすべてから解放されて、思いがけないほどリラックスしていくわ。感性までが自由自在になって、感度がよくなるの。いつもクルマで通り過ぎているところも、久しぶりに歩いて訪れると、前に歩いて訪れたときの私に、一瞬で戻れるのよ。しかもそぞろ歩きの最後には、抱えていた悩みや迷いが跡形もなく消えていて、すっかり解決していたりするんだから」

友人のフランス人ドクターにそう話すと、彼はうなずきながらこう教えてくれました。

「そうだね。『歩く』という行為はね、脳を解放してくれるんだ。悩み事でがんじがらめになっていた『脳』をリセットする力がある。街を歩けば、交差点もあれば信号もある、段差もあれば、行き交う人々や交通の流れも把握しなくちゃならないでしょう？　また、美しい空や街路樹、眩《まばゆ》い光や芳しい香りなど、多くの情報や刺激を受け止めて、五感で瞬時に処理していくわけだよね。だから出かける前の脳の回路がすっかり切り替わり、全身の神経を総動員して活性化していくんだ」

なるほど。頭の中で凄まじい勢いで回転していた思考の回路をいったん止めて、歩行という全身運動へとシフト。自分のいまいる時空から抜け出して、本能に突き動かされるようにリラックスして歩み始めると、感性までが鋭敏になるのはそういうわけなのですね。人間も、言ってみれば「自然」の一部、自然の中で躍動する存在なのですから。

仕事のお約束が入っていない午前中など、私は自宅で書き物をします。朝一番の陽光を浴びながら始めて、お昼前になるといったん休憩。ランチの約束に出かけ、帰りに、パッシーやサンジェルマン・デ・プレの街を少し歩きます。時には、インテリアやデコレーションのお店に立ち寄り、たくさんのエスプリに触れます。そして午後の後半、再び書斎に戻って朝に書いたものを読み返してみると、ずいぶんと気づかされることがあるのです。

一方、もっと興味深いのは、時に日常の時間を逸脱して、パリの街のあちこちに隠れた〝ポケット〟の中に入っていく「そぞろ歩き」です。現実の時間ながら、途中からどこか、どの時代にも、どの空間にも属さない〝時空自在〟の境地になって、しばしば白昼夢のような不思議な感覚に陥るのです。

感覚的にわかるのは、ある場所に〝バームクーヘンのように〟幾重にも年月が重なっていて、そこに生きた人々の息吹のすべてが「場の記憶」として宿っているということ。散歩道として偶然選んだ道順や行き先さえも、もしかしたら、縁があって本能で選択しているのかも。こういうときは自分の感性や五感だけが頼りなので、体の内部にある生命力みたいなものがキラッと輝いて、マックスに働いているのかもしれません。

## 歩いて見つけた綺羅星アドレス

仕事が一段落した今日は、暖かくお散歩日和。空気も軽く、街歩きには絶好の日です。住まいのあるパッシー地区から春一番の装いで、出かけてみることにしましょう。

このエリアには、十六区のパリジェンヌたちの生活をサポートする、凄腕のプロフェッショナルたちが、美しいたたずまいの店を構え、洒脱なウインドー・ディスプレイを通して、パリの街にそのレゾン・デートル（存在理由）をアピールしています。十六区には、そんな珠玉のアドレスが点在するので、街歩きにはちょっとした「宝探し」の観もあります。

パッシー通りから少し入った小道に「ショコラ・ショー〈Chocolat Show〉(＊1)」という、子供のためのパーティー・プランニングの店を見つけたのは、パリに住み始めて間もなくのことでした。いつ通りかかっても物語性のあるエレガントなウインドーで、エスプリあふれる場であろうことはすぐに想像できました。「ショコラ・ショー」という名は、パリの住人たちが大好きなホットチョコレート〈chocolat chaud〉の同音異義語から。オーナーは、センスとウイットが冴える十六区マダムです。

ショコラ・ショーが担当した、シャネルやエルメスでのデモンストレーションを見ても、夢あふれるファンタジックなシーンが、とにかく美しいのです。パリジャン&パリジェンヌの美的センスが優れているのは、子供時代から数限りない美しいシーンを目のあたりにし、記憶に刻んでいるからでしょう。

ブティックには、世界中から彼女が買いつけてきたファンシーなおもちゃや子供の仮装コスチューム、シックな小物やカード類など、パーティーにまつわるあらゆるものが並びます。さらにパック、ハロウィン、ノエルの時期には、ロマンティックで美しいデコレーション・アイテムがセレクトされていて、立ち寄ると夢中で見入ってしまいます。

ある年のパックの休暇前に、愛らしいパックのデコレーションを発見。一・五メートルほどのメタル棒の先端に、ラベンダー色でふわふわしたチャーミングなヒヨコがちょこんと鎮座するこのオブジェは、いまやパックのわが家のアイコン。この時期を訪れる客人たちにも大好評で、たちどころに私の遊び心を見抜かれてしまいます。

## トロカデロ広場へ

さて、ショコラ・ショーの小道を抜けて、ポール・ドゥメール大通りにぶつかり、そこを右折してトロカデロ広場へと向かいます。両側に広がる十六区の住宅街を進みながら、ここにどれだけの人々の夢や暮らしがあるのかしら……と想いを馳せます。なかなか庭を持てないパリのアパルトマン暮らしでは、エントランスやテラスに飾られたトピアリー(主に丸くカットしてととのえられた植木や造形物)に、思い思いの暮らしの夢が込められています。パリの人々はとくに、窓越しに見える緑にこだわりを持つのです。さて、正面に広がる大空に向かって歩みを速めると、トロカデロ広場に行き当たります。

右手には、ファッション・ウイークに数々のデフィレ(ファッションショー)が開催されるシャイヨー国立劇場、海洋博物館、それに建築・文化財博物館などが含まれる「シャイヨー宮(*2)」が見えてきます。ここは、もともとは十六世紀末カトリーヌ・ドゥ・メディシスが建てた別荘だったそう。現在のシャイヨー宮の姿になったのは二十世紀前半のこと。このテラスの正面からは、エッフェル塔の美しい全景を眺められて圧巻です。私にとって毎日眺めるパリのアイコン。どれだけの思いを、あの塔に打ち明けてきたことか……。

トロカデロ広場には、エッフェル塔に向かって半円を描くようにカフェが軒を連ねます。住人たちは、雰囲気、メニューそしてギャルソンのもてなし方で「お気に入り」を決めます。

それぞれの店では、まったく異なる物語が紡がれていて、扉を開けた瞬間から、異なる映画の世界に入っていくよう。メロディーにたとえれば、ジャズ、クラシック、ブルース、それにロックなどと、奏でられるロマンやエスプリがそれぞれまったく違っているのです。

## サロン・ド・テ「キャレット」でのつぶやき

二十年以上前から、私はトロカデロ広場の「キャレット」という老舗のサロン・ド・テを愛用しています。数年前に改装されましたが、もともとは一九二七年に創業、十六区のエレガントな住人たち御用達の店。近年は観光客も増えて微妙に客層が変わり、数年前にはマレ地区のヴォージュ広場に支店ができて、十六区の住人を驚かせました。さて、ちょっと早めですが、ここでひと休みしていきましょう。

広場に面したカフェの前には、数台分ずつスペースがあり、たいていボワチュリエ（駐車係）が待ち構えています。駐車しているクルマを見ると、カフェの客層やお店の雰囲気が見てとれて面白いのです。キャレットは昔から、テラス席を飾る顧客も、クルマも、漂ってくるパルファムも群を抜いてシック。広場には、大ぶりのゴールドの装飾品をまとう中東の男女が集うカフェ、エッフェル塔を真正面に望むカフェ、観光客で終日にぎわうカフェなど、それぞれ特徴があって実に個性豊かです。

パリのカフェでは、思いのほかおいしい食事がとれますが、キャレットでは春からの季節、お肉やお魚、野菜が豊富にアレンジされた「サラダ・メニュー」が大人気。おいしさには定評があり、新鮮な食材が絵を描くように盛りつけられています。春から秋のはじめまで、テラス席でシャンパンをいただきながら、青空のもとで楽しむランチタイムは最高。お皿の上を美しくととのえながら、きれいに完食するのは、パリジェンヌの得意技です。

キャレットの顧客は、シックで時勢に乗った十六区の住人が主流。中には親子二代、三代で顔を出す常連もいて、なじみのギャルソンは、「この間、フレッドが彼女と来ていましたよ。いい青年になりましたね！」なんて声をかけて、親たちのハートを溶かすのです。

キャレットを訪れる、高校生から大学生くらいの若さ弾ける十六区の子弟たちは、ナチュラルな魅力が光っています。メイクはマスカラとリップくらい、毛先をVラインに切りそろえたセミロングヘア、装いはジーンズにセーター、ブルゾンといったスタイル。それに十六区らしく、今年流行のブランドバッグを〝無造作に〟持っています。パリのティーンエイジャーは、男女の仲よしグループで動くので、カフェでも何かとにぎやかな存在です。

それでもキャレットの主役といえば、やはり十六区マダムたち。長年かけて創り上げた自身のワードローブに流行のエッセンスをちょっぴり加味して、ストーリーを描くような装い。しかも日によって、「スマート・カジュアル」とか「エレガントなボヘミアン」という具合に、さりげないテーマを感じさせながら、颯爽と登場するのです。

## 人生の「幕間」の時間

ところでパリマダムは、自宅の延長として、街の中で自分の応接間や居間のように憩う、お気に入りのカフェを家の近くに決めていて、日常的に使います。おしゃれなサロン・ド・テやホテルのラウンジで過ごす優雅な午後も愛しますが、パリジェンヌにとってカフェは、日常のシーンに欠かせないものです。

よく知らない人と会見するときにも便利ですし、たとえ家に呼び合うほど親しい友人であったとしても、ひとときおしゃべりするのに利用したりします。また、もし家庭で問題が持ち上がり、少々煮詰まった雰囲気になってしまったら、パッとアパルトマンを抜け出して近所のカフェにやってきて、一杯のエスプレッソを飲んでいくこともあるでしょう。パリマダムはこんなふうに、街の中に人生の「幕間」を過ごすカフェをいくつか持っているのです。

これは、習慣というより、賢い人生術かもしれません。問題に直面したとき、衝動的にだれかと会っていらぬこぼし話をしたり、うっかり感情をぶつけてしまって後悔したりするより、しばし一人になって心をととのえるのは、スマートなたしなみであるように思います。

一方で、心が湧き立つようなおしゃれをして、お気に入りのカフェやサロン・ド・テにやってきて、華やいで過ごす時間もあります。おしゃべりに興じることもありますし、道行く人をぼんやりと眺めたり、なじみのギャルソンと何げない会話を楽しんだり。とにかくパリの人々は、公の場で人の中に入って、無為に過ごすひとときが大好きなのです。

そうかと思えばカフェで、知らないだれかの人生の一場面が、ふと垣間見えることがあります。友人と話しているとき、相手の言葉にばかり気をとられて、その「心」を見過ごしてしまうことってありませんか？　その一方で、知らない語り手の「風情」を垣間見るとき、内容は聞こえないけれど、その真の心持ちが妙に伝わってくることがあるのです。

## 「だれでもない自分」になるとき

初めて仕事をご一緒する、フランス人カメラマンと打ち合わせをしたときのこと。約束の場所に指定されたのは、同じトロカデロ広場でも、私が好きなキャレットではなく、数軒先の、エッフェル塔が正面に見える活気あふれるカフェでした。

中に入ると、まったくなじみのない人ばかり。知らない街の知らない空間に紛れ込んだような、戸惑いがありました。ギャルソンはすこぶる感じがよく、オーダーをとった後は、少し放っておいてくれる距離の取り方が、この日の私には幸いでした。

店内は空いていて、右奥のテーブルに、シニアマダムがお一人、静かにエスプレッソを飲んでいました。知らないカフェでは、遠巻きに聞こえる人々の語らいが、私を護ってくれるヴェールのよう。不思議にくつろがせてくれるのでした。

それにしても右奥席の女性、なんとなく見覚えがあるのですが……往年の女優さん？　お仕事でご一緒した方？　アトランティック色（チャコールグレー）のタートルに同色のワイドパンツ、上品な面持ちでパリジェンヌらしくまとめ上げた巻き髪。でもそれ以上は特徴を挙げようもなく、マダムが〝一人の時間〟を求めて訪れていることは、だれの目にも明らかでした。眼前を厳しく見つめ、微動だにしない彼女のまわりには、「見えない壁」が張りめぐらされ、ギャルソンも近寄りません。

しばらくして――彼女が髪を直そうと手をかざし、大きなオニキスのシャネルのカメリア・リングが見えたとき、どこでお会いした方だったか、ようやく思い出しました。

彼女は、前述のキャレットの華麗な客人で、いつもは美しい色調の装いで登場しては、シックなお仲間と晴れやかに歓談するマダム。年齢は重ねていても、艶やかで華のある女性です。それが、このときはすべてを消し込み、一人で「何か」と闘っているようでした。事情はわかりませんが、同性として、なぜか無言のエールを送りたくなりました。

少しして、決心したように顔を上げ、会計を頼んだ彼女。ようやくあたりを見まわし、時折キャレットで顔を合わせる私に気づいたようでした。わずかにほほえみ、何か言いかけた彼女でしたが、そこへ私の待ち合わせ相手のカメラマンが大あわてで到着。彼に気を取られている間に、彼女はいつしか店を出ていっていました。

次に彼女を見たのは、一か月ほどしたある日のキャレットで――。いつも通りの彼女でした。薔薇色の頬も、社交的なオーラも、そしてエレガントな明るい色調の装いも。

あの日、彼女が一人で何と向き合っていたのかはわかりません。ただその姿は、周囲を凍らせるほどの緊張感と、真摯な〝強さ〟を感じさせるものでした。どんなに支えてくれる家族や友人がいても、人生にはきっと、自分一人で立ち向かわなければならないことがあるのですね。

立ち寄ったキャレットで、ふと、そんなことを思い出しながら、そろそろ小休止を終え、ここから、プレジダン・ウィルソン大通りへと、歩みを進めていこうと思います。

## プレジダン・ウィルソン大通りからギメ美術館へ

なだらかな坂を下っていくプレジダン・ウィルソン大通りのあたりも、十六区屈指の高級アパルトマンが続きます。「グリル〈grille〉」と称される、鉄製のデコラティヴな門扉やバルコニーは、当時の持ち主の美意識を映すので、建物ごとに様式が異なり興味深いです。エレガントな門扉は、東京の家に設えてみたい！と憧れます。

この通りには、週に二回マルシェがたちます。パッシー地区にもよいマルシェがあるので、普段はここまで買い出しに来ませんが、通りかかると新鮮な魚介類や野菜を買って帰ります。

さて、街路樹に迎えられながら通りを下っていくと、何本もの道が交差するイエナ広場に至ります。右前方には瀟洒なシャングリラ・ホテル、広場に面して左前方には「ギメ美術館（＊3）」の美しい建物が姿を現します。陽光が降り注ぐ時間帯は、美術館の窓ガラスに光が大きく反射し、広場全体に共鳴するように美しく、心を奪われます。

ギメ美術館は、化学産業で財をなしたリヨンの実業家エミール・ギメが、宗教博物館創設を夢見てアジア各地を歴訪した後、一八七九年にリヨンで創設、一八八九年にパリに移転し正式に誕生します。さらに国の考古学隊や他の収集家の所蔵品もあわせ、また一九四五年にはルーヴル美術館の東洋部門の全所蔵品もギメに移して、実に五千年もの歴史を網羅する、アジア以外では最大級の東洋美術コレクションとなったのです。

ミレニアム直前に大規模な改修工事を終え、美しく詩情あふれる美術館に生まれ変わりました。館内を歩くと、静謐な雰囲気の中でアジアの国々を旅するよう。シルクロードの展示では、当時の旅人の息遣いが感じられるようで、ここがパリであることを忘れてしまうほど。東洋美術の魅惑的な聖地として、パリジェンヌからも愛されているアドレスです。

そういえば私ごとながら、ギメ美術館には思い出があります。一九九五年に日本の外務省が主宰する「陶器のコンフェレンス」という会議が美術館の講堂で開催され、総合司会を務めさせていただいたのです。セーブル国立陶磁器美術館館長や日本の著名な陶芸家などにご登壇いただき、フランス政府や文化関係の方々に、日本の陶芸文化と日本人の美意識について理解を深めていただく初めての機会。フランス語での司会は久しぶりで緊張しましたが、パリの文化関係者やプレスの方々と初めて触れ合う貴重な機会でした。

当時は、左派社会主義政党のミッテラン大統領から、右派のシラク大統領に政権が交代し、街の雰囲気が明るくなっていった時代。ヨーロッパ統合政治を私が学ぶ端から世の中が動き、フランスが、ＥＵ統合、グローバリズムへと急速に向かい、日々のＦ２のニュース、『ル・モンド』や『フィガロ』などの日刊紙が生きた教科書でした。パリが世界に向けて大きく開いていった時期だったのです。ギメ美術館を訪れると、時代が大きく動いたこと、また直面する欧州の新たな転換点を、改めて感じます。

さて美術館を後にしたら、右手に出てそのまま小道に入り、プラス・デ・ゼタジュニ〈Place des Etats-Unis〉（アメリカ合衆国広場）方面へ歩きます。すると、ほどなくして閑静な広場に到着し、その一角に「バカラメゾン（＊４）」の旗が見えてきます。

## バカラメゾンの「場の記憶」

バカラといえば、フランスで最も老舗のメゾン。眩いばかりに美しいクリスタルのシャンデリアが、あまりにも有名です。

ルイ十五世のもとで一七六四年に創業以来、パリ東駅〈Gare de l'Est〉近くのパラディ通りを本拠地としていたこのメゾンが、二〇〇三年に、パリ十六区の三千平方メートルにも及ぶ豪華な館を全面改装。新生バカラメゾンとしてオープンさせたその斬新なイニシアティヴは、当時ラグジュアリー業界やパリの住人たちをアッといわせたものでした。

グローバル化が進んだミレニアム前後、パリの老舗メゾンには、クラシックとモダンをあわせ持つ新しい進化が必要だったのです。移転後は、美術館、本社機構、レストラン、そしてブティックが併設され、旧邸宅の伝説的なボール・ルームは残されました。

オープン当初、パリの話題をさらった理由のひとつは、この館がもともと二十世紀前半の社交界の華、マリー＝ロール・ド・ノアイユ子爵夫人の邸宅であったから。当時の邸宅の主流であったブルジョワ的室内装飾とは異なり、モダンでミニマルなデザインのこの館で、彼女は魅惑的な夜会を催し、画家や作家、音楽家など、時代の最先端の感性や知識階級を招き、「サロン」を創設していたのです。一九三〇年代には、サルバドール・ダリ、ジャン・コクトー、マン・レイなど、大戦間を代表する画家や作家も足繁く訪れていたというのですから、このアドレスには洒脱な「伝説」が宿ります。

もうひとつは、当時改装を手掛けた、パリ生まれのデザイナーで室内建築家、著名なフィリップ・スタルクの手法です。八十年代からモダンな感覚で脚光を浴びてきた彼は、大胆にシュール・レアリズムを取り入れ、クラシックとモダンの斬新な融合に成功。豊かな遊び心とパリらしいエスプリで、幻想的なクリスタルの「パラス（殿堂）」に仕上げ、新生バカラメゾンの一時代を築いたのです。一階はブティック、二階は美術館とレストランで構成。この美術館には、バカラがその名を知られるようになった、フランスのルイ十八世がオーダーした一組のグラスセットをはじめ、各国の王侯貴族の間で評判になった紋章付きのグラスや特注品の数々が展示されていました。二〇一七年秋、展示が変わり、メゾン創設二五〇周年を記念してパリのプティ・パレで開催された回顧展「バカラ、クリスタルレジェンド」で発表された作品をはじめ、バカラのエムブレム的な傑作を堪能することができます。

同じく二階では、旧ノアイユ邸のダイニングを改装したレストラン「クリスタル ルーム バカラ」が人気を集めていましたが、二〇一七年秋に何人目かの新シェフ、マチュー・メシェリを迎えると、内装を初めてリニューアル。パリのインテリアの巨匠、ジャック・グランジュが手掛けた内装は、五七六枚のバカラのクリスタル・タイルが窓辺に飾られ、モダンでカラフルな椅子は、テーブルの上で繰り広げられるクリスタル・グラスのアートとあいまって心浮き立つ空間にリフレッシュしています。

豪華なクリスタルのシャンデリアを愛でながら、バカラのグラスやお皿が奏でる〝美のメロディー〟を楽しみつつ会食できるリュクスな時間。とくにランチがおすすめです。

新しいものを希求してサロンを創設し、夜会を開催していたノアイユ子爵夫人の思い。それは館に宿り、バカラに受け継がれました。ノアイユ子爵夫人というエレガントな十六区マダムの魂が、「場の記憶」として宿り、老舗メゾンの新しいイニシアティヴの「背」を押していることは、とても興味深いことです。

ここで「場の記憶」と私が呼ぶところの、かつてその場所に生きた人々の「思い」には、大いなるリスペクトが必要です。パリで、こうしたものに抗う動きをすると、話が流れたり、プロジェクトが遅々として進まなかったり、一度成立しても長続きしないのです。「迷信では？」と思われるかもしれませんが、本当なのです。パリでは、遠い過去から流れてきた時間に敬意を表さないと、新しいことを決して成し遂げられないのです。

## ガリエラ宮でのエレガントな昼下がり

イエナ通りに出て、近くのピエール・プルミエール・ドゥ・セルビー大通りに進むと、ガリエラ宮〈Palais Galliera〉のエレガントな正門が見えてきます。建物は、典型的な十九世紀のネオ・ルネッサンス様式。正面玄関を入ると、「ペリスティル〈péristyle〉」といわれる、イオニア式の半円形の美しい列柱回廊に迎えられ、瀟洒な風情に包まれます。

現在は、「ガリエラ宮 パリ市立モード美術館（＊5）」として、特別企画展のみ開催されています。鑑賞しやすい中規模のスペースのうえに、魅力あふれる展覧会を打ち出してくるので、おしゃれなパリの住人たちが楽しみに訪れるアドレス。モード美術館となったのは一九七七年。以前はパリ市の多様な展示場として使われた経緯をもちます。

ガリエラ宮の敷地は広大で、エレガントな十九世紀式庭園も設えられています。十六区の住人たちの憩いの場として愛されているこの小公園は、ガリエラ宮の正面玄関とは反対側、プレジダン・ウィルソン大通りに沿って広がっています。エレガントな装飾が施された鉄製の門扉や塀飾りが、創り手の美意識を感じさせます。

実は、私が子供のころ、両親に初めてこの公園に連れられてきたとき、子供ながらもその優雅な風情にすっかり魅了され、どうにも惹きつけられたことを覚えています。パリに住むようになってからは、毎日のように通る道ですが、瀟洒な門扉を目にするたびに、過去から途切れることなく流れるエレガントな「時のたたずまい」を頬に感じることがあります。一瞬、どの時間からも宙ぶらりんになったような、不思議な感覚を覚えるのです。

## ガリエラ宮に織り込まれた、あるマダムの伝説

ガリエラ宮は、一八九四年に現在とはまったく別の目的で建造された、エレガントな宮殿でした。物語の主人公は、第二共和制時代のパリに生きたイタリア人の高貴なマダム、マリー・ブリニョール＝サル・ガリエラ公爵夫人〈Duchesse Galliera〉。イタリアの名門出身で、慈善家であり優れた審美眼をあわせ持つ女性だったとか。

事の始まりは、一八七八年、彼女が所有する美術コレクションを「フランス国家」に寄贈する意向を示し、その条件として、コレクションを一般公開するための「美術館」をパリに創設することを挙げたのです。コレクションには、ヴァンダイクの「家族の肖像」をはじめ、ヨーロッパ各地の絵画、十八世紀家具、時計、セーヴル焼きやゴブランなど、非常に価値の高いものがそろっていました。

所有する土地に美術館を建設する際も、彼女は詳細な要望を提示。美術館は鉄の柵をめぐらした小公園に囲まれ、敷地の両側の通りには、彼女の旧姓から「ブリニョール通り」と「ガリエラ通り」という名称を付けること、と。

夫のガリエラ公爵は、マリーがコレクションの寄贈を決める二年前、一八七六年十一月にジェノヴァで他界しています。夫妻は三人の子供を授かりましたが、長男は生まれて間

もなく亡くなり、ルイ＝フィリップ国王の末息子アントワン・ドルレアンと一緒に育った二番目の子息のアンドレアは十六歳で急死。残された三男のフィリップは優れた教育を受け、切手蒐集家《しゅうしゅうか》として高名ながらも一族には反抗的で、「公爵の称号」も財産も、受け取ることを拒否します。そこで、ルイ＝フィリップ国王の末息子で彼女も深い愛着を抱くアントワン・ドルレアンに、「ガリエラ公爵」の称号を継承してもらうことになりました。

六十五歳にして未亡人となった彼女は、実に二億二千五百万フランノールを保有することとなり、慈善事業として数々のオスピスや孤児院を創設します。私が学んだシアンスポの前身「Emile Boutmy の政治学の自由学府」に創設資金を出資し、さらにエレガントなガリエラ宮と美しい小公園を、自身の美術館として建設させたというガリエラ公爵夫人に、ますます興味が湧いてきます。

## マリー・ブリニョール＝サルとガリエラ宮の不思議な運命

イタリアのジェノヴァ出身で、総督や元老院議員などを多く輩出した血統貴族の家系のマリー・ブリニョール＝サル（後のガリエラ公爵夫人）。その見識あふれる教養は、子供時代に父親の外交使節に同行して培われたものでした。彼女の父、アントワン・ブリニョール＝サル侯爵は、ナポレオン一世時代にリグリア共和国（ナポレオンに征服されたジェノヴァ共和国）の知事を務め、後に在仏サルディニア大使となってルイ・フィリップ国王に仕え、深い信頼関係を築いた人物。その娘であるマリーは、パリのチュールリー宮で、ルイ＝フィリップ王の子供たちと共に過ごし、深い愛情で結ばれていたとか。

スリムでブロンド、聡明で多言語を操るマリーは、一八二八年ラファエル・ド・フェラーリ侯爵〈marquis〉と結婚。パリ＝リヨン＝地中海ラインのプロモーターのペレール兄弟と共に、クレディ・モビリエ銀行を創設した彼は、スエズ運河の建設に参画。オスマン男爵のパリ大改造時、多くの不動産取引に携わり、巨額の富を手にした人物です。

一八三七年にガリエラ領を購入した夫妻には、翌年「ガリエラ公爵」の称号が授けられ、マリー・ブリニョール＝サル・ガリエラ公爵夫人となります。夫妻のヴァレン通りの館には、二百人もの使用人が仕え、政界、知的階級、社交界で最も上位に位置付けられる裕福な存在だったと伝えられています。

ところが、夫の死後、彼女のパリ美術館構想は危機に瀕します。公証人の手違いでコレクションの寄贈先を「フランス国家」ではなく「パリ市」にしてしまったから。正そうにも、時の政治事情が絡み難航。そこで彼女は、フランスへの寄贈を取りやめ、遺言で故郷ジェノヴァのパラッツォ・ロッソへの遺贈を決め、一八八八年に七七歳でこの世を去ります。

一方ガリエラ宮の建設はそのまま進み、完成後はパリ市に委ねられます。ただこのエレガントな宮殿の使途をめぐり、パリ市も当時は困惑。肝心のコレクションはイタリアに寄贈され、「入れる宝石のない宝石箱」と揶揄される始末でしたから。

それにしても、子供のころから魅了されてきたガリエラ宮に、こんな物語があることを知り、驚きました。高貴で富裕な女性の一生にも、「どうにもならないこと」があり、最後には、いずれかの扉を選んで進んでいかなければならないことを、彼女の物語が教えてくれているように思います。

さて、道路を挟んでガリエラ宮の庭園の向かい側には、「パリ市立パレ・ドゥ・トーキョー(＊6)」が広がります。二〇〇二年に開館したヨーロッパ最大の現代アート・スポット。館内のカフェ・レストラン「ムッシュー・ブルー」は天井が高く、アール・デコ調のインテリアで、テラス席からはエッフェル塔の全景が見渡せます。新しいインテリアが話題のカフェ・バー「レ・グラン・ヴェール」とともに、和やかなランチタイムが過ごせます。

プレジダン・ウィルソン大通りを下りきると、そこはアルマ・マルソー。道を渡れば、モンテーニュ大通り、ジョルジュサンク大通りと、にわかにブランド街に入っていきます。

こんなふうに、わずか三十分足らずのそぞろ歩きのうちに、素敵な美術館や逸話の残るエレガントなアドレスがいくつもあります。十六区は暮らしと文化が寄り添っていて、日常の何げないシーンの中にも物語が潜んでいるのです。日常の散歩道に、時を重ねたアドレスがある。それは単に美しい風景を目のあたりにできるだけでなく、かつて、そこに暮らしたパリジャン&パリジェンヌから、ふっと珠玉のインスピレーションや示唆を授けられるかもしれないという幸運を意味します。

機会があったら、ぜひ、パリでそぞろ歩きをなさってみてください。機上のムッシューが私に教えてくださったように、パリで一番の醍醐味なのかもしれませんから!

（＊1）ショコラ・ショー〈Chocolat Show〉7 Rue Nicolo 75016 Paris

（＊2）シャイヨー宮〈Palais de Chaillot〉1 Place du Trocadéro et du 11 Novembre 75016 Paris

（＊3）ギメ美術館〈Musée national des arts asiatiques Guimet〉6 Place d'Iéna 75116 Paris

（＊4）バカラ美術館〈Galerie-Musée Baccarat〉11 Place des Etats-Unis 75116 Paris

（＊5）ガリエラ宮 パリ市立モード美術館〈Palais Galliera Musée de la mode de la Ville de Paris〉10 Avenue Pierre 1er de Serbie 75116 Paris　注：二〇一八年七月十八日より二〇一九年末まで改装のためクローズ。

（＊6）パリ市立パレ・ドゥ・トーキョー〈Palais de Tokyo〉13 Avenue du Président Wilson 75116 Paris

# Mai

5月――マロニエの花が咲くころ

# 春の陽光に包まれた最高の季節

フランスには有名な格言があります。

“En avril, n'ôte pas un fil ; en mai, fais ce qu'il te plaît”

「四月はまだ気を許しちゃだめ、でも五月になったら、どうぞお好きな装いで！」

パリの五月は、文字通りすべての望みが叶ったかのような最高の季節。月のはじめからマロニエの花がたわわに咲いて、光をまとって風に揺れる姿は、なんともいえない幸福感を抱かせてくれます。快適な季節の到来です！

とくに予定が入っていない夕べも、そのまま家に帰ってしまうのがもったいないほど。広場に面した見晴らしのいいカフェで待ち合わせては、テラス席でしばしドリンクとおしゃべりを楽しみます。

普通のカフェでも、夕刻には「カクテルタイム」があり、気軽に外で季節の風に当たりながら、アルコール類を楽しめます。隣のカップルと目が合えば、笑みを交わしてもう一度乾杯！　パリ全体がなんともいい気に包まれる、極上の時なのです。

これから六月にかけて、昼間はますます長くなり、朝早くから夜までパリには光が降り注ぎ、開放的な時間を紡いでいきます。アパルトマンの窓を大きく開けると、さわやかな五月の風が、家の中をくるりとまわってそよぎます。空気には花の香りが混ざり、気温も暑すぎず寒すぎず、どこにいても何をしていても、快適そのものです。

私たちの住むアパルトマンの中庭を挟んで、向かいの建物の同じ階のテラスに置かれたテーブルに、メイドさんが白いパリッとしたクロスをかけ、銀のシャンパン・クーラーをスタンバイ。エレガントなワンピース姿のマダムとシックなムッシューがブランチに出てくる光景を見るころになると、「今年もいい季節になったわ！」と実感します。

さらに夜十時近くまで陽が暮れない六月ごろになれば、帰宅後に自宅のテラスで肌を焼くなど、一日の第二部を太陽の下でリラックスして過ごす人々もいます。自宅の中庭に面したテラスや、時には屋上スペースまで舞台を広げて、明るい季節ならではのおもてなしが繰り広げられます。

週末は、カジュアルに乗馬やゴルフに出かけたり、たまにはゲストを伴ってジヴェルニーのモネの家や庭を訪れたり。また仲間と誘い合ってノルマンディー地方のドーヴィルまでドライブして、映画『男と女』でおなじみのノルマンディー・ホテルのテラスでブランチするには最高の季節。五月の一週目、二週目と、季節の醍醐味を逃さないように過ごしていくと、週末もなかなか忙しくなります！

# 楽しむことに寛容な十六区の人々

初夏の時期は、空気も澄んで気候もいいので、私たちのアパルトマンのあちらこちらでも、客人を招いて夕食会やフェットといわれる立食のパーティーが開催されます。ドレスアップした素敵なゲストが訪れると、アパルトマンの建物全体にも楽しい気分が共鳴します。リセの生徒や大学生さえも、実家などでケータリングやバンドまでオーダーし、友人達をいっぱい招いて、大がかりなパーティーを開くこともままあります。

大勢のゲストをお招きする立食パーティーなどの際は、三週間くらい前に、エレベーターの中などに次のような貼り紙が出され、会の趣旨や日取りが告知されます。

「X階に住むマダム&ムッシューYです。Z日はフェットを催しお騒がせしますが、どうぞご理解ください。もしよろしければご参加ください！ ドレスコードは白の装いで！」

フェットの当日は、中庭に面したテラスやバルコニーにまでゲストが鈴なりにあふれ、中庭に生バンドのダンサブルな音楽が響き渡ります。

パリの人々は、パーティーを開催するのも、参加するのも大好き！ 周囲のお宅も、楽しむことに寛容というか、非常に協力的で、進んで受け入れる風潮があります。お互いの人生の楽しみを尊重し合って、そこで発生するいささかの騒音などは、あっさり受け入れてしまうのです。同じアパルトマンのご老人夫妻など、なかなかお休みになれずお困りになるのでは？とこちらも気を遣うのですが、貼り紙をご覧になると、

「ああ、フェットがあるのね。いいですね！　私たちもさんざん楽しいパーティーをしてきたものですよ。人生は楽しんだ者が勝ち。素敵な会になるといいですね！」

とおっしゃいます。素敵な人生を送ってこられたシニアの方ほど、それぞれの楽しみや、若さが弾けるイベントに理解があるのがパリの人々。そして主催者側も、約束通り、夜中一時にエッフェル塔のイルミネーションの点滅が終わるころには、なんとか会を静かに収めて〝表向きは〟散会にするあたりが、十六区らしさでもあるようです。

## パリの空の下、中庭での自宅ランチ

この季節、私はよく大輪のピヴォワン（芍薬《しゃくやく》）や薔薇の「イヴ・ピアッチェ」を、大きな花瓶いっぱいに飾ります。フユーシャーピンクの艶やかさや薔薇の芳しい香りでサロンを満たして、初夏ならではの〝ボタニカル・ジュエリー〟を楽しむのです。思い立ってごく親しい女友達を招き、カジュアルにランチを楽しむこともあります。

こんな日は、気取らない超シンプルメニュー。たとえば、冷えたシャンパンで乾杯して、

ビシソワーズの冷製スープ、茹でたアリコベール（いんげん）にパルメジャーノチーズとオリーブオイルをあしらった温菜と、上質のモッツァレラとトマトの前菜に、信頼を寄せるブッシェリー（お肉屋さん）のカルパッチオ。そして新鮮なバジルと松の実で作ったバジリコパスタ。デセール（デザート）は、ティラミスとフロマージュ・ブランをお好みで。どれも当日さっと準備して、フレッシュにお出しできるものばかりです。それでも、ロイヤルブルーの空にそびえ立つエッフェル塔や、思わずつかめそうな、綿あめのような白い雲を近くに眺めながらのランチは、晴れ晴れするような気持ちよさ。まさに五月の「リュクス」な時間です。

食後もテラスで、中庭を眺めながらカフェを振る舞い、マカロンやショコラをつまみながら、もうひとしきりおしゃべりを。日常のさりげない時間ですが、プライベートなくつろいだ空間で五月の風景を愛で、新鮮な感性で時を紡ぐと、とっておきのリラクゼーションタイムになります。

日程を何週間も前から調整し、カップル単位のゲストの顔ぶれを慎重に考えて準備を進めるディナーの楽しみは、格別なものです。でも、それとはがらりと変わって、思い立ったときにパッと開催できる日常のランチは、すべて「いまの気分！」で。こちらも、なんとも爽快なのです。

## たとえば五月はこんなテーブル・プランで

さて今日は、わが家のサロンに、いただいたばかりの薔薇やピヴォワンの心湧き立つアレンジメントがあるので、それをメインモチーフにして、カジュアルでちょっとカラフルな、楽しいテーブル・プランにしたいと思います。

近年の傾向として、パリのカジュアルなテーブルでは、スタイリッシュな白い食器が主流です。食材の色やスタイルを問わず、おしなべて美しく引き立ててくれるから。私も、フランス・ベルナルドの「エキュム」のシリーズやイタリアのリチャード・ジノリの「ベッキオ・ホワイト」のラインをこうした機会によく使います。

テーブルのニュアンスを創る、ナップ（テーブルクロス）とセルヴィエット（ナプキン）は、薔薇やピヴォワンをアイコンにもつ「マニュエル・カノヴァス」のものにします。まるで花の絨毯のような総柄のナップに、アレンジメントと同系色のフューシャピンクや白のオブジェを置き、テーブルにリズムをつくります。

親しい女性どうしのカジュアルランチの今日。シャンパンのクープはトランパレント（透明）ですが、ミネラルウォーター用のカラフ（水差し）とヴェール（グラス）は、「メゾン・ドゥ・ファミーユ」のライラック・ピンクでエレガントなレリーフが施されたものを。

最後にカトラリーは、家の近くの十六区マダムが経営するショップで見つけた、銀の柄に薔薇の花が彫り込まれたものを合わせます。こんなふうに、ちょっとフェミニンで、カジュアルな食器やグラス、カトラリーをあしらったテーブルは、料理のメニューがシンプルな女性だけのランチのときにおすすめです。

余談ですが、一般的にパリの男性は、食器やクリスタルグラス、それにカトラリーを、その家のグレードや品格と考えます。ですから然るべき方を、初めて自宅のディナーにお招きする際には、色彩を絞ったシックなテーブルにします。女性も基本的には同じ考えですが、それでも、テーブルの〝色彩やモチーフのラペル〟の楽しみを自身でも実践して知り尽くしているので、もてなす側の心を解してくださるのです。

さて、「テーマ」に合わせた色調やモチーフを考えながら、テーブルをととのえていくひとときは、パリの女性たちが大好きな時間。手をかけるほどに楽しさもふくらみます。招かれた人も、「彼女には、こんな美しい世界観があるのねー」と知ることができて、ぐっと交際が深まることもあります。お外だけで会っている人と、家に招き合っている友人では、やはり親密さが違います。しかも、こうしたテーブル・アートをちょっと手掛けるだけで、日ごろの疲れを癒すような、不思議なリラクゼーション効果があります。パリの「アール・ド・ヴィーヴル」（生活の美学）には、その昔から、女性を満ち足りた気分にさせる〝マジック〟があるのかもしれませんね。

## まずは、お気に入りのコーナーをひとつ作ることから

おもてなしは楽しそう。でも、しばらくゲストを自宅にお招きしていないと、なかなかその第一歩が踏み出せないものですよね。たとえばテラスでのランチなら、窓ガラスを拭き、テラスを片付け、植物の手入れ（葉の表面を拭いたりまで）をして……と考えていると、一番いい季節を逃してしまいそう。ですから、あまり完璧は目指さず、一通りきれいにできたら、もう親しい友人をお招きしてしまいましょう！

「メゾンを美しく保つ秘訣は？」とパリの人々に聞くと、まず返ってくる答えは「客人を招くこと！」。お招きすれば、家はどんどん洗練されていきます。客人の視線を意識するばかりでなく、返礼にお招きを受けた友人宅で、また素敵なエスプリを授けられるから。メゾンは、限りなくポジティヴな〝美のスパイラル〟を上っていくのです。

メゾンのデコレーションやインテリアのスタイル自体を大きく変えたいとき、一大プロジェクトとして予算を用意し、リフォームに取り組めたら素敵ですね。でも、必ずしもそこまで大がかりでなくても、たとえばサロンだけ、ダイニングだけ、キッチンだけといっ

た具合に、セクションを限って検討すると、少し現実的になってきます。

　また、リフォームなどしなくても、たとえばコーナーごとに片づけを進めて、リフレッシュすることもできます。「今日はここをやってみよう！」と決めて、ごちゃごちゃしたコーナーのいらないものをまず処分。そこにテーマを設け、セレクトしたオブジェだけをディスプレイ。最後にモダンなライティングを施せば、場に洗練が生まれ、コーナーがスタイリッシュに生まれ変わります。そう、自宅にひとつ、おしゃれな〝パワースポット〟ができあがるのです。

　さらに、サロンやダイニングに、今となっては負のオーラを放つようになってしまった大きな食器棚などがあったら、中のものをすべて出して、不要なものは思い切って処分。棚はバックスペースでの用途を模索し、無理ならば、リサイクルに回すことも考えます。

　代わりに、輝きをもたらしてくれるような、モダンなディスプレイ棚をひとつ、新たに設えることができれば、リフォームなどしなくても、サロンの雰囲気はがらりと変わります。そこにクリスタルグラスやシャンパンのクープ、ワイングラスなどをディスプレイし、印象をととのえていきます。パリマダムは、こんなふうに、メゾンの〝空間プロデューサー〟として、サロンのエスプリを創るのです。

　一方で、ドレッサーの上などにいつのまにかごちゃごちゃ並んでしまったオブジェを一掃し、美しい香水瓶や、香りのいいアロマキャンドル、エレガントなフォトフレームなど、ロマンティックなアイテムだけを飾ります。さらに、銀のゴブレットや小さい水差しに、テラスや庭に咲いている季節の花を生けます。すると、エスプリを失いかけていた場所が、エレガントで詩的なコーナーに生まれ変わり、鏡に向き合う時間も楽しくなります。

こんなふうに、家のあちらこちらが少しずつ、目にするだけで心地よいスペースになると、私たちの所作もホテルのラウンジにいるときのようにどこか洗練され、日常のシーンが次第に輝いて感じられるようになっていきます。

## よい「気」を自宅に持ち帰る

ところで、ヴァカンス先で経験した快適な住空間、パラスホテルでの上質な暮らしや洒脱な設えなどは、スペースさえあれば、照明、家具、ファブリックなどを駆使して、基本的には自宅でも創り出すことができるはずです。

生活の彩りを実感するのは、高級メゾンのグラス、カトラリーや食器を「そろえる」ことではなく、「良さをたしなむ」ことにあるので、お気に入りのアイテムを吟味して少しずつ加え、暮らしの中に取り入れていきます。さらに、時とともに洗練させていけば、ヴァカンス先で出会った素敵な「リュクス」や生活術を、自宅で再現したり、日常をぐっとグレードアップさせたりできます。

確かに、ヨーロッパの住まいやインテリアのオートンティック（正統的な）レベルを決めるのは、本物のボワズリーの壁や、アンティーク家具、あるいはモダンなデザイナー家具、またはシャンデリアなどのアートピース的照明器具にあるかもしれません。

ただ現代は、想像以上に、多彩な「美しさ」かつ価格帯のアイテムが市場に展開され、素敵な暮らしを自宅で実現しやすくなっています。理想のメゾンへの道は、求めればいかようにもあり、案外早く、思い描く暮らしの入り口に立つことができる時代だと思います。

ヨーロッパで最大の高級ファブリック・メーカー、ピエール・フレイの社長、パトリック・フレイ氏ご夫妻やご家族とは、留学時代のゼミでお会いして以来、公私ともに親しくさせていただいております。パトリック氏がいつも強調なさるのは、インテリアを替えたいとき、よほど「これ！」という明確なヴィジョンがない限り、一気にしてしまわないほうがいい、ということ。

幸いにもパリは、戦争で焼失することがなかった街。さまざまな時代のアンティーク家具やオブジェが現代に残っています。パリの高級なアパルトマンには、今もルイ王朝時代の机に、アール・デコ調の飾り棚、さらに現代デザイナーの手によるモダンなカナペ（ソファ）が、同一空間に置かれていることすらあります。パリのインテリアの特徴は、こうしたエクレクティズム（折衷主義）にあるということは、十月の章でもご紹介しました。「パリ流エクレクティズム」が功を奏する条件は、ひとつひとつのアイテムが、そのスタイルの「逸品」であること。単に雑多なスタイルが共存するだけの空間は、ごちゃごちゃするだけで、独特の洒脱なオーラが生まれないのです。

素敵なモノどうしは、思いがけない効果を生み出し、同一のスタイルでまとめられたショールーム的空間にはない、深みとグレードが出るのです。

フレイ氏は、「自宅など日常の空間で、いつも見ていて輝きを感じなくなっている『シーン』は、網膜には映っていても、もはや『能動的には見ていない』」とおっしゃいます。ですから、絵画やオブジェ、それにもちろんインテリアなどで、時折、雰囲気を変えてリフレッシュを施すことが必要というわけです。

メゾンのリフレッシュのためにも、お客さまを招くことは有効です。客人の目線に立って空間を見渡してみると、これまで見えていなかった雑然としたスペースの存在が、気になってくるはずですから。

そして、これは家族のメンバーどうしについても言えること。「家族の風景」をマンネリにさせないために、いつも起きがけにまとうペノワールやガウンなども、折に触れて新調したり、季節によって着替えたりと、リフレッシュを工夫したいものです。

## 出かける前に、わが家のサロンでアペリティフを

わが家のサロンをアペリティフ・ラウンジとして使うのも、パリの人々がよく取り入れる方法です。たとえば、知り合って日の浅いカップルとの初めての会食の場合は、レストランなどに招いたり、招かれたりすることがあります。相手をあまり知らないときは、いきなり自宅にお招きするより外で食事をするほうが、ある意味スマートな場合もあります。

ただそのときでも、待ち合わせ場所をわが家にして、アペリティフだけ自宅のサロンで催します。家族の写真やインテリアのスタイルをお見せするだけでも、ゲストには、いろいろなことが伝わります。アペリティフをサーブする立ち居振る舞い、お酒のチョイス、グラスの趣味などもおのずと表れますし、家主は、自慢の絵画やオブジェの由来などをさりげなくご披露できます。

そこでよく注目されるのが、書棚。オーナーがどんな文化的嗜好の方かがわかります。お気に入りの写真集や画集などは、サロンの低めのテーブルに置いておくのもパリ流。客人は手にとって見ることもできます。サロンのすべてが、一家を雄弁に語ってくれます。

こんなとき、自宅に五月のさわやかな風を堪能できる、心地よいテラスやバルコニーでもあれば、とっておきのおもてなしができますね。ここでひとしきり歓談してから、自宅

からそう遠くないレストランにお連れすると、スマートなおもてなしに親密さも付け加わります。

## もてなす気持ちがあれば、まずは開催！

十六区の若きパリジャン&パリジェンヌたちも、学生として一人暮らしを始めたとき、どんなに狭くても自分のテリトリーに友人を招きます。それもちょっとおしゃれに——。

パリに来た直後から、ハードな勉強時間の合間をぬって、私たちもよく「ソワレ」とか「フェット」という立食パーティーや、「ディネ」といわれる着席の夕食会を催しました。社交的な家系の出身者が多く、彼らやご家族を通じて、パリ流のおもてなしや、学友であるキャマラド（仲間）との時の紡ぎ方を教えられました。

蚤の市で見つけてきた八～十人がけの大きめのダイニングテーブルを囲み、同級生の面々で「極上の会食会」を繰り広げたものです。にわか仕立ての男子主宰の夕食会であっても、前菜からメイン、デセールまできちんとあって、しかも一応、テーブルクロスやナプキン、それに実家から持ち出した銀製のカトラリーがととのえられていました。ゴージャスではないけれど、コンテンツにおいては、大人の会食会と比べてもまったく遜色がなかったと思います。

それにしても思うのは、パリの男性は、なかなかにお料理上手だということ。カップルになってからも、何かにつけて料理を振る舞ってくれ、癒してくれようとする心づかいがあります。親たち世代とは違う、現代のパリ男性の意識があるように思います。

だれかのアパルトマンで夜遅くまで打ち合わせをするときでも、男性陣はよく腕を振るってくれます。何かケータリングを注文してもいいわけですが、そうはせず、帰り道に食材を求めて、気軽に作るのです。ステファンが仲間のみんなに振る舞ったブイヤベースや、仕事のエクスポゼ（プレゼンテーション）のパートナー・ヴァンサンお手製の仔牛肉のクリームパスタやペスカトーレも絶品でした。男性仲間のこうした振る舞いは、ほんのひととき、女性たちをふっと和ませます。パリ流「男子力」とでも呼びましょうか。

印象深かったのは、学生時代、中国の外務省からの留学生だったシャイなショーコンが、休暇の前に「いつもみんなのアパルトマンでごちそうになってたから、今度は僕からお礼に」ということで、仲間のアパルトマンのキッチンを借り切って皆に振る舞った、皮からお手製の「餃子」。今や世界を飛び回るようになった当時の仲間たちも、「いまだに、彼の餃子を超えるチャイニーズには出会えないよ！」というほどの絶品でした。もちろんレシピには、彼の特別な心が入っていたからに違いありませんが。

パートナーシップや友情の基本は、「互いを思いやる」こと。どんなに忙しくても手間がかかっても、「これだけは絶対にしてあげたい！」と思う気持ちが、互いの愛情や友情のロイヤリティを育むように思います。

あれから時を重ねても、仲間の食事会は世界中で続いています。ワインもグラスも食事も次第に洗練され、大人のスタイリッシュな会食会が増えました。ただ一方で、どこかの街角で仲間どうしが再会できたときは、スケジュールを吹っ飛ばしてでも、おしゃべりを楽しむにわか仕立ての会食をします。

東京の第一線のビジネスマン・ビジネスウーマンの友人たちからは、「ウイークデーにそんなことはとてもできないよ！」というお言葉が聞こえてきそう。確かにそうですよね。

パリの人々は、ある程度親しくなると、肝心なのはおもてなしの「かたちの完璧さ」ではなく、その「心」にあると割り切ります。目的は「ともに時間を紡ぐ」ことにあるので、料理のグレードや「かたち」にこだわってなかなか開催できなかったり、招く側が疲れてしまったりすることを危惧します。心豊かに交友関係を紡いでいくコツを、私は社交的なパリの仲間から、いまだに学んでいます。

## 世代の異なる「友人」をもつ大切さ

年齢が上のカップルとの会食は、時に人生の金言のような、素晴らしい気づきを授けてくれます。とくに十六区のシニア夫妻はその最たるものです。

若いカップルは、将来の自分たちを想像しながら、パッフェルベルの楽曲「カノン」のように、手を取り合って人生を紡いできたシニアカップルに憧憬の念を抱きます。またシニアのお二人にしても、若さあふれるカップルを前にすることは、自分たちの人生の軌跡に思いを馳せる機会となり、新鮮なインスピレーションを得られる時間です。

パリには、たくさんの社交クラブやスポーツクラブがあります。そこでひとたび、「メンバー」という同等のタイトルで迎えられたならば、多少年齢が上下しても臆することなく、リスペクトを表しながら交流します。また同じ嗜好の人が集まる社交的な会では、テーブルで居合わせた方と、素敵な交流がスタートすることもあります。

同年代の友人は、人生の同じようなステージにあり、互いの喜びや悩みを容易に理解し、シンパシーを抱き合えます。一方、ひとたび似たような落とし穴にはまると、新鮮な視点を見出せないこともあります。そんなとき、十歳年上とか十歳年下の友人ならば、別の視点から物事を捉えられて、思いがけない〝気づき〟を与えてくれることがあるのです。

ブーローニュの森のバガテル公園（＊1）で、九月に開催されるのが常だったルイ・ヴィトン・クラシック（コンクール・デレガンス）。アンティーク・カーのコンクールで、夏のヴァカンス明けに、パリの社交界のメンバーがこぞって集まるイベントでした。通い始めたころに知り合ったご夫妻と、十六区在住ということ、また思いがけなく共通の友人がたくさんいたことで盛り上がり、一気に親しくなりました。

ご主人は、フランスのクルマ・メーカーの創業者の一族で、素晴らしいクラシック・カーのコレクションを持つパリのセレブリティー、ジャン＝フランソワ。奥様は、ご自宅のメゾン、とりわけ客人をお迎えする「サロン」を優れた美的センスでととのえ、多彩な社交を繰り広げていたパトリシアです。彼女とは気が合い、ヴェルニサージュに一緒に出かけては、絵を観ながらいろいろ話をします。

モダンで抜群におしゃれなマダムの彼女は、出会ってから長い年月、セミロングのストレートへア。私より六、七歳年上で、言いたいことをサッパリ言うタイプです（そうそう、パリの年上の女性の年齢は、本人が語る以外、こちらから尋ねてはなりません！）。

パトリシアは強い女性と思われがちですが、正義感が強く、人の気持ちにデリケートで優しい人。家族のことで少し気になることを漏らすと、自身の経験から真摯なアドバイスをくれて、「言い忘れたことがあったわ」と、後から電話までかけてきてくれたりします。

一方で、十歳くらい若い友人、フランソワーズの仕事上の悩みや、上司と部下の間に入っての苦しい立場を聞けば、「ああ、私の十年前の姿だわ」とその気持ちがよくわかります。時には、私からちょっとしたアドバイスができることも、あるように思います。

「どんなに心地よい現在があっても、どんなに素敵な休暇でも、時は必ず移ろい、違う香りの季節がやってくる。そしてだれもが勇気を出して、まだ見ぬなじみのない世界へと、扉を開けて、入っていかなければならないのが人生よ。『時の旅人』である私たちは、いつも勇気と決断力と愛で、一瞬一瞬を生きなくちゃ！」

こんなことを、パトリシアはいつも語ってくれます。

## 初夏の朝食会と装い

五月は、いつにもまして朝食会の招待状が多く届きます。初夏の朝、緑や花に囲まれながら朝食をいただく時間は、すがすがしいものです。私は、「オテル・ル・ブリストル」の朝食が大好き。エレガントなフランス式の中庭で過ごす朝は、リラクゼーションになるばかりでなく、新鮮なエスプリがひらめく「リュクス」なひとときです。

そういえば、ＬＶＭＨのベルナール・アルノー会長兼ＣＥＯが、リュクス・ビジネスについて初めて本を出版された際のプレス会見も、初夏の朝食会でのことでした。

世界に名を轟かせるLVMHは、それまで主に家族経営だったラグジュアリー・メゾンを、一九八七年から次々と買収していったコングロマリット。今ではディオール、ルイ・ヴィトンをはじめ、セリーヌ、ロエベ、フェンディ、ジヴァンシーなどのファッションブランド、ブルガリやショーメなどのジュエリー、またヴーヴ・クリコ、クリュッグから、ミラノのカフェ・コヴァに至るまで、多彩なジャンルのラグジュアリーメゾンを所有しています。

会場は左岸のサンジェルマン・デ・プレにあるラグジュアリー・ホテルの「ルテシア」。普段あまり会見をしない、あのアルノー氏の朝食会ですから、装いについてはちょっと考えました。数あるLVMHグループのブランドの中でも、ディオールに特別な愛情を注ぐアルノー氏に敬意を表して、持ち合わせのディオールの装いで出かけました。

さて会見は、フランスのエリート校の最高峰、グランゼコール「X」（エコール・ポリテクニック〈l' École polytechnique〉）ご出身のアルノー氏らしく、エレガントかつスマートに進み、テレビ局のキャスターや新聞・雑誌のジャーナリストの質疑応答の後に終了。

すると、アルノー氏は不意に私のそばに歩み寄り、こうおっしゃったのです。

「今日は、ディオールの装いで来てくださってありがとう。その『レディ・ディオール』のバッグも、なかなか素敵でしょう?」

突然のことに驚きました。こうした機会にうっかり、ライバルグループのブランドの装いで出かけてしまうと、ちょっと微妙な雰囲気になってしまうかもしれません。もちろん会見に何を着ていっても、とがめられるものではまったくないのですが。

装いは、個人的な「たしなみ」ですが、同時に社会的な意味合いもあり、気づかぬうちに、良くも悪くも無言のメッセージを発しています。ここが装いの難しさ。普段はあまり考えず、時の気分でさっとセレクトしてしまう私ですが、場合によっては慎重に考えなければ！と改めて思わされた、初夏のエピソードです。

## たしなみとしての装いと、そのメッセージ

ほとんどの女性が仕事をしている現代のパリでは、女性たちがやや疲れている、と見る向きがあります。仕事と家庭を両立させ、日々おしゃれをして出かけるには、かなりのパワーが必要です。

十年以上前から、パリでは装いの「スマート・カジュアル化」が、日本に先行して進んでいます。九〇年代までは、夏でもジャケットなしで出かけることなど稀だったパリジェンヌも、一部の職業を除いてスーツを着る女性が減り、代わりにワンピースにカーディガンとか、パンツにニットやブルゾンといった、どこかノンシャランとかエフォートレスと

いった時代のニュアンスをまとう装いにシフトして久しい今日このごろ。

それだけに、ガラディナーやソワレといった非日常のパーティーだけでなく、朝食会、昼食会、夕食会など、着席しての会食会などの際は、きちんとした装いが求められます。場が求める以上に過剰にドレスアップするのはスマートではないし、パリジェンヌが一番恐れることです。一方で、然るべき場所で、エレガンスの香る装いができることは、「たしなみ」でもあり、インテリジェンスも醸し出します。

普段ジーンズにセーターといった装いばかりしている若い女性が、ソワレの機会に、いつもとはまったく違った、エレガントで場に敬意を表す装いで登場すれば、多彩なファセット（側面）をもつ魅力的な女性という印象に映ります。

あるラグジュアリー・メゾンのプレス担当のオレリーも、普段はパンツルックにニットのハンサム・ウーマンですが、プライベートなソワレでは見違えるほど艶やかなカクテルドレス姿。たたずまいや所作もきれいで、新しい彼女の魅力を垣間見たようでした。

肝心なことは、その場のドレスコードをきちんと把握すること。初めて参加するソーシャルな集いの場合は、前々からメンバーである方の様子を見ておくことです。クラシカルに徹するべきなのか、少しモードっぽくなっても大丈夫なのか。また、おしゃれをしていったほうが喜ばれるのか、さりげないエレガンスにとどめたほうが上品に映るのかも、見極める必要があります。自分らしさを発揮するのは、回を重ねてからでいいわけですから。

装いは「たしなみ」ですが、同時に、まわりに対しておのずと発しているメッセージでもあります。その意味では、「ソーシャルなたしなみ」ともいえます。このことは男性も同じで、パリの人々は、そこに人の素養を見るように思います。

一人のパーソナリティーの中に、それこそ十もの異なる側面を持っていても不思議でないのが現代を生きる私たち。その日どういう立場で、どんな人たちの輪に顔を出すのかによって、まとうドレスもジュエリーも、男性ならば、ジャケットだってネクタイだって微妙に違ってくるのです。

## 世代の異なる女性との交流のポイント

年配の女性とランチする際、装いに関してもデリケートな心持ちで行くと和やかに過ごせます。相手の方にもよりますが、概してあまりその方の装いの雰囲気と重ならないように、自分はやや若々しく、心持ち抑え気味に、シンプルにまとめるのがスマートです。

年上のマダムがその場で心地よく過ごせるようにと考えながら、装いをととのえるのが鉄則。もちろん上席には、年上のマダムが座ります。それは、たとえば義理の母や実家の母といった内輪の会食であっても同じ。はずせないポイントです。

一方で、リスクを避けるばかりで面白みのない装いで行くと、十六区マダムはがっかりしてしまうかもしれません。おしゃれは相手へのリスペクト。相手の雰囲気や互いの関係性を思い描きながら、臆せず創造力豊かに、かつ慎重に考えて選ぶことです。

長いお付き合いの、少し年上の友人であるマリーは、結婚当初は息子を溺愛する義理のお母さまからの干渉をやや苦手としていましたが、結婚して十五年くらいたったあたりから、その関係性が変化してきたといいます。

「ねえ、キョウコ、最近、義理の母がすごく親しい存在に思えるようになったの。不思議だけれど。やはり女性どうしだから、経験することも、胸に抱く思いもどこか似てきて、妙にわかり合えるのよ。夫のこと、息子のこと、いまは、義理の母が大切な相談相手なのよ！」

この話も素敵なのですが、こう語る彼女の横顔が昔よりずっと穏やかで、しかもきれいであることにハッとしました。ちょっとした感情の行き違いから、対立はいとも簡単に深まってしまいがちですが、ちょっと踏みとどまって互いの違いを認めつつ、良さを出し合える関係にもっていく。これもまた、女性の「たしなみ」です。言われてみれば当たり前のことでも、なかなかその場面で、自分ではひらめかないもの。素敵な気づきをくれる友人がそばにいるのも、本当に幸せなことです。

（＊1）バガテル公園〈Parc de Bagatelle〉Bois de Boulogne-Route de Sèvres à Neuilly 75016 Paris

# Juin

6月——ブーローニュの森が輝く季節

## 夏の扉をあけるとき

六月のパリは、夜十時近くまで太陽が空にあって、夕刻から始まる一日の第二部を明るい景色のなかで過ごすことができます。空気はからっとさわやかで、快適そのもの。屋外のテラスでは、エッフェル塔がそびえ立つパリのパノラマのもと、陽光をいっぱいに浴びて、にぎやかな夕食会が繰り広げられていきます。

澄みきった紺碧色の夏空に、幾重にも重なる緑。屋外のイベントでは、人々が思い思いにまとう色鮮やかなファッションが、初夏のランドスケープに華を添えます。心模様を映し込んだような晴れやかなシルエットが、パリの風景を輝かせるのです。

そして六月の終わりになれば、なかには先陣を切って「さぁヴァカンスへ！」と旅立つ人も。夏の気配があたりに漂い、開放的なムードがパリの街を支配します。一方、六月は、学校の年度末にあたり、バカロレアあり、グラン・ゼコールのコンクール（入学試験）ありで、受験生はもちろん親たちも落ち着かない、デリケートなときでもあるのです。

## ブーローニュの森へ、束の間のエスカパード

五月末からは、ブーローニュの森が一気に華やぐ季節。隣接する十六区ライフも、緑がモクモクあふれるにつれ、最高の季節に突入します。ほんの十分クルマを走らせれば、さっきまでひしめき合っていた都会の緊張からぱっと解放され、フレンチ（全仏）オープンのローラン・ギャロス、バガテル公園、フォンダシオン ルイ・ヴィトン（＊1）、ロンシャン競馬場など、薔薇とエレガンスの聖地が点在する「森」に入っていけるのです。

パリでは、さまざまな美意識の競い合いがあります。また当然ながら、どの分野でも超一流ともなれば、必ずといっていいほど熾烈な競争を繰り広げる好敵手がいて、神経をすり減らすのが常。パリには、ぎりぎりの「緊張感」がつきものです。

そんなパリの街中からふっと逃れ、瞬時に自然の中に飛び込んでしまえるブーローニュの森への束の間のエスカパード〈escapade〉（逃避旅行）は、ホッと、至福の時をもたらしてくれるもの。十六区の住人にとって、ブーローニュの森や、カフェのテラス席などは、季節の香りや空気の風合いを直接肌に感じることができる、貴重なオアシスなのです。

ブーローニュの森

# Bois de Boulogne

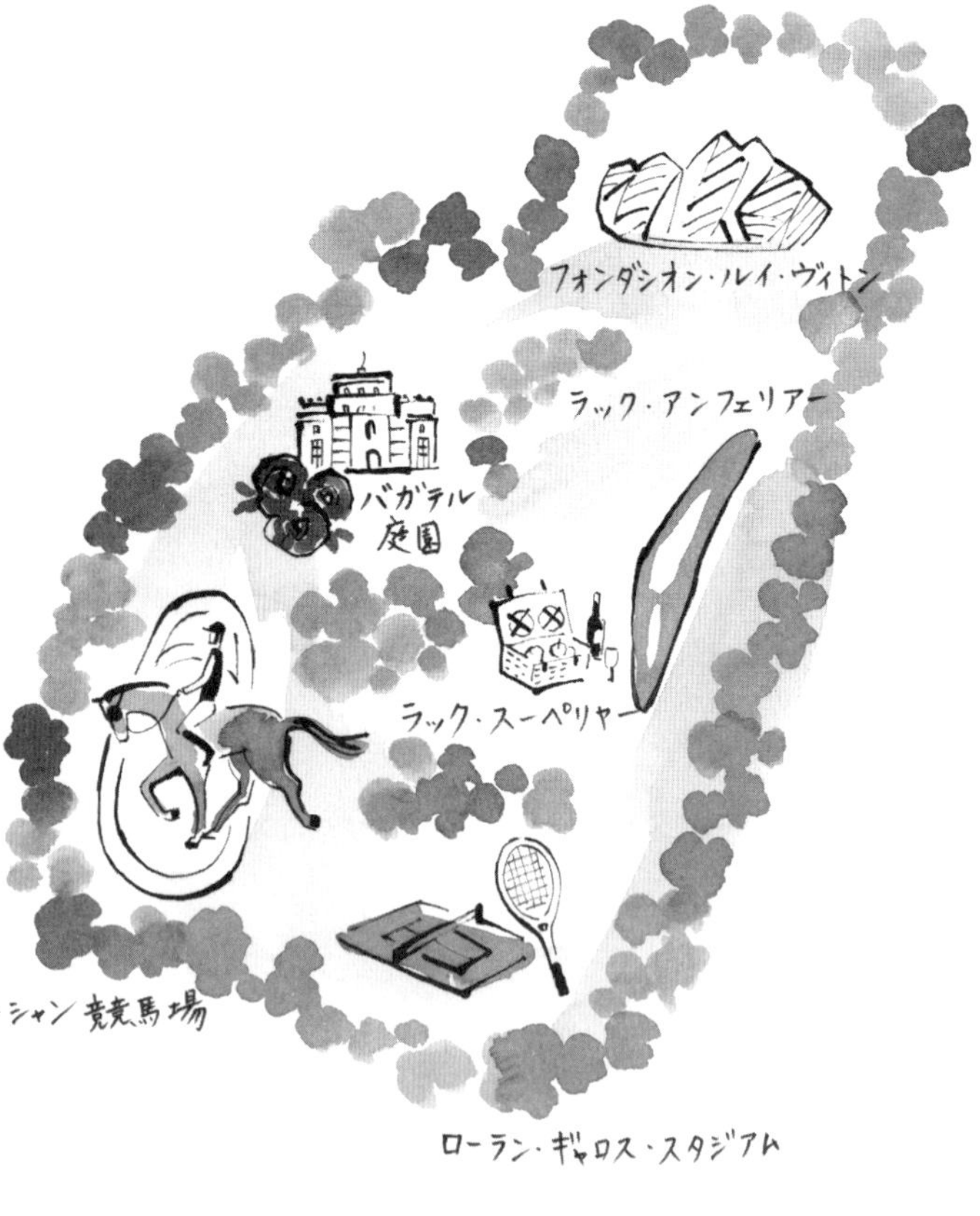

## 「プレ・キャトラン」で流れる時間

初夏になると一度は訪れる、ブーローニュの森の、お庭が素敵なレストランがあります。店名は「プレ・キャトラン（＊2）」。一九九七年からシェフを務めるフレデリック・アントンにより二〇〇七年にはミシュラン三ツ星に輝きます。一八五六年に創設された、ナポレオン三世スタイルの白亜の館を舞台とするこのレストランには、パリ市内とは異なる独特の時間の流儀があるように思います。濃密でゆったりした、ブーローニュの森ならではの時間。またこの森にはもうひとつ「グラン・カスカード（＊3）」という、私たちが秋から冬にたまに訪れるレストランもあります。

さて、うちから出かけるときは、いつもパッシー通りから。子供たちが戯れるラネラー公園ののどかな風景を眺めながら、ポルト・ドゥ・ラ・ミュエットまで、クルマを五分ほど走らせると、すぐにブーローニュの森の入り口が見えてきます。

森に入った途端、背後の街の気配は消えます。同時に一瞬にして緑に包み込まれ、森の奥へとぐんぐんと引き込まれていきます。背の高い樹々の洗礼を受けながら、しばらくクルマを走らせると、ほどなくレストランの屋根が見えてきます。到着するまでの道すがらは、いわばプロローグ。お楽しみはここから始まっているのです。

このレストランのバンケット（宴会スペース）には、秋にも舞踏会などイベントがあると訪れるのですが、私は断然、春先から初夏のレストランのたたずまいが好き。旬である白アスパラガスをいただき、新鮮なシェーブルのチーズ、スズキのポワレなどフレッシュな食材で、あたりの風景と心身を同化させます。

緑の庭の息吹をいっぱいに吸い込みながら、重厚な内装や、やや格調がありすぎるくらいのサービスに接していると、古《いにしえ》のパリジャン＆パリジェンヌたちが過ごしたであろう華やかな時間に、いつしか入り込んでしまうから不思議です。

## 華やいで過ごす時間とは？

森の東側には、パニエにサンドイッチや果物、ケーキやワインなどを詰め込んで、仲間たちとエレガントなピクニックを気取ってよく訪れる、ラック・スーペリヤー（上湖）やラック・アンフェリヤー（下湖）があります。

パリの人々が、ブーローニュの森の中のさまざまな場所にやってきて思い思いに過ごすのは、非常に〝親密な〟時間。十六区ならではのノーブルなメンバーたちが、乗馬やポロやスポーツを競い、人生を語り、愛を囁き、思い切り華やいで過ごすという共通点があります。これはいってみれば、究極の非日常。

この「華やいで過ごす」というのがキーワード。同じ一時間でも、その何倍もの非日常的な楽しみを詰め込み、手をかけて過ごすのです。ですから、ヴァカンスで南の島に出かけて自然に癒されながら「のんびり過ごす」のとは、少し時の〝趣〟が違います。

都会に隣接しながら、緑あふれる別世界。パリの歴史を紐解いても、とっておきの非日常の物語を紡ぎ出してきた場所が、このブーローニュの森というわけです。

自然のパワーが最高潮になり、アウトドアの催しや行事も増える六月は、冬の間、人々が遠のいて、やや怪しい雰囲気さえあったブーローニュの森が、一気ににぎわいを見せる季節。森に隣接する十六区のカフェやレストランなどもハイシーズンを迎え、あたりに住まう魅惑的な人たちが軽装でアパルトマンから出てきてテラス席に座り、街の風景もどんどんカラフルに楽しくなっていくのです。

## 美とロマンをかけて競い合うバガテル公園

ブーローニュの森の北の部分には、薔薇で有名な「バガテル公園」があります。広い敷地に咲き乱れる、芳しい数百種の薔薇は圧巻。毎年六月には国際コンクールが開催されます。

そもそもこの地は、十八世紀末、ダルトワ伯爵が愛する妃のために建てた邸宅だったそう。ところがこの妃は情熱的な方で、館で逢いびきを繰り返し、「バガテル」がフランス語の俗語で、「情事」を意味するようになった、ちょっといわくつきの地なのです。

戦前のバガテルでは、数々の社交行事が催されました。クラシック・カーのエレガンスを競う「コンクール・デレガンス〈Concours d'ÉLégance〉」はその最たるもの。一時期ルイ・ヴィトンがスポンサリングし、「ルイ・ヴィトン・クラシック」と呼ばれた時代もありましたが、美やロマンを競う伝統は引き継がれています。それにしても「エレガンスを競うクルマのコンクール」なんて、洒脱でパリらしいでしょう？　当時はクルマの黄金時代、スーパーリッチな人々だけの贅沢品で、美意識の象徴であったとか——。

当時のバガテルは、ニース、ドーヴィルなどと並び、ファッションの最先端の発信地とされ、ココ・シャネル、タマラ・ド・レンピッカ、ソニア・ドロネイなど、時代を代表するデザイナーが、バガテルで開催される「コンクール・デレガンス」用のコレクションを発表していたほど。出展されたクルマも、数年かけてボディーワークが施され、持ち主もクルマと同じデザインのドレスをまとって登場するなど、美意識やロマンの限りを尽くして競う濃密な時間だったそう。

このイベントではいつも、人生を楽しむことが上手な方々と出会い、クルマや人生にまつわる、ちょっと素敵な物語を聞かせていただきます。フェラーリに代表される多くの企業とコラボレートし、伝説的な名車を世に送り出したイタリア屈指のカロッツェリア、「ピニンファリーナ」。当時ＣＥＯ兼会長だったセルジオ・ピニンファリーナ氏が、コンクールの名誉総裁としてバガテルに来場された際の出会いは、いま思えば、夢のようなものでした。レーサーであり、オークショネア、BMW Art Cars の創始者のエルヴェ・プラン氏が、私にお引き合わせくださったのです。

緑の芝生の上に、世界から集まってきた名車。アルファロメオ、フェラーリ、マセラッティ、ジャガー、アストン・マーチン、ベントレー、ロールス・ロイスが、ぴかぴかに磨かれ、誇らしげに並んでいます。そんな光景のなか、セルジオ氏がスーパーバイズした、フェラーリやアルファロメオなどの名車のすぐ傍らで、しばしお話することができたのです。

「あなたがスーパーバイスなさったクルマは、香り立つような上品なたたずまい、官能的なフォルムですね。しかもその新鮮な美しさが、いつまでもまったく失われずに感じられますね！」

と、語りかけると、セルジオ氏はほほえみながら、こう語ってくださいました。

「ありがとう。デザインというのはね、美しさに技術が加わり、機能性を備えたもの。見た目だけの美しさとは異なり、時を超えて永遠に残るものなんですよ」

お話を聞いているうちに、これまで彼の網膜に映ったであろう、膨大な数の「人生の光景《シーン》」に、ふと想いを馳せました。

経営者であり、かつデザイナーとして、イタリア屈指のカロッツェリア帝国を築き上げ、自国のみならず世界で、華麗な人脈を築き、イタリアを代表する顔になっていったセルジオ氏。イタリア経済界の重鎮としてヨーロッパ議会に選出され、国家の要職にも就いた優れた力量と豊かな人間性。すべてに魅せられたひとときでした。

二〇一三年に天に召されたセルジオ氏のことは、バガテルの美しい情景やそよぐ風、それにほのかな薔薇の香りとともに、胸にふんわり刻んでおくつもりです。

さて、陽が長くなったこの時期、園内の音楽堂ではピアノのリサイタルが開催され、瀟洒なレストランでは、新しい季節のメニューが並びます。パリ市内のざわめきを逃れて、ふらっと訪れてみたくなる「秘密の花園」とでも言いましょうか。

四方を塀で囲まれた薔薇園を歩いていると、昔この地で情熱的に愛を囁き、人生を大いに楽しんだ「バガテルの人々」の息吹を感じるような気がします。夏のはじめの昼下がり、ガラスの音楽堂で美しいピアノの音色に聞き入っていると、いつしか、時間を超越した、甘美なメロディーが聞こえてくるから、とっても不思議です。

## ル・ポロ・ドゥ・パリでのシックな時間

ブーローニュの森の中にある、名門の社交クラブでも、光と緑に包まれた初夏のイベントがハイシーズンを迎えます。数ある社交クラブのなかでも極めてシックなメンバーが会員に名を連ね、間違いなくパリで最もハイクラスかつ閉鎖的。古いファミリーの歴史を感じさせるクラブが、バガテルの「ル・ポロ・ドゥ・パリ」です。

このクラブは、一八九二年にロシュフーコー子爵によって創立されました。バガテルの芝生の八万六千七百二十平方メートルを占め、一九〇〇年のパリ・オリンピックの際には、この地でポロ競技が開催され、現在も、パリで唯一のポロ・クラブとして知られます。多くの会員は、テニス、乗馬、フェンシング、ゴルフそれに水泳といった活動を行っています。

初夏のウイークデーには、会員がクラブハウスにランチに訪れます。パリの街角ではすれ違わないような、深窓の令嬢や夫人、ビジネス界の重鎮や大家族、それに名家名門の紳士淑女が、プライバシーを守られた環境で、和やかに時間を紡ぎます。近年、ディオールのオートクチュールのショーがここで開催され、話題を呼びました。

さて私が初めてル・ポロ・ドゥ・パリを訪れたのは、十数年以上前の六月、ポロ競技のパリ・オープン・トーナメントの決勝の日でした。親友がクラブの会員で、馬が大好きな私を招待してくれたのです。同日に、前述のクラシック・カーのコンクール「コンクール・デレガンス」もクラブの芝で開催されていました。真っ赤なフェラーリ２５０を出品する友人のフレッドが迎えに来てくれて、皆で出かけることに。

紛れもなく一年で一番気持ちのよい週末、ブーローニュの森を、フレッドのカブリオレで疾走し、一路クラブに向かいます。到着すると誘導に従い、クルマの出展スペースの芝までそのまま進みます。牧歌的で詩情あふれるたたずまいの、ル・ポロ・ドゥ・パリのクラブハウスには、不思議な気品が漂います。

この日はまずポロの試合観戦からスタート。友人の計らいで、クラブの厩舎《きゅうしゃ》を特別に案内してくださるということで、朝から私はそのことで頭がいっぱい！　選手たちが笑顔で迎え入れてくれ、彼らの馬を一頭ずつ紹介してくれました。私にとっては時を忘れるほど幸せなひととき――。馬は躍動感のある美しい生き物であり、同時に「本物の主人」にはかわいい目をして、哀しいほどのロイヤリティを表すのです。

いよいよポロの試合が始まると、芝のグラウンドに馬の蹄《ひづめ》と息遣い、それにボールの音が響きます。広い芝生を、四人一組のチームで競い合うポロ競技ほど、人と馬がアクロバティックかつエレガントな姿を見せる競技はありません。観戦の常ですが、スピードと迫力に一気に試合の中に引き込まれます。激しい動きで馬がすぐに疲れてしまうため、代替チームが待機していて交代します。出番を待つ馬たちの待ちきれない様子といったら、なんて愛らしいのでしょう！　冬にサンモリッツで開催されるエレガントな「雪上ポロ」も躍動感いっぱいですが、私は緑の芝の上のポロのほうが、馬が辛そうでなく安心です。

決勝戦の日、クラブの会員は、家族そろって観戦に訪れ、観戦後には優雅に午餐会を楽しみます。歴代のメンバー家族どうしがくつろぎ、ほほえみ、和やかに歓談します。会食の席でのおしゃべりも、「A氏のご子息とB伯爵の令嬢が先日のラリーで出会って交際を始めたらしい」とか、「あのカップルはいよいよ婚約だそうよ」など小声でのメンバーどうしの噂話はあるものの、ノーブルな雰囲気が損なわれるようなことはありません。

彼らのエレガントなファッションは、がんばって「着飾る」というよりも、むしろさりげなく、いかにも着心地の良さそうなスタイルで、きれいな色が目立ちます。目に映る情景すべてが、ふんわりソフトな一枚の絵のよう。なんとも心地よいのです。

ポロ競技の勝者が決して表彰が終わると、今度はクラシック・カーの「コンクール・デレガンス」に舞台は移り、珠玉のクラシック・カーが一台一台、聴衆の前にお披露目されていきます。

クルマが定位置まで来ると同乗者は皆降りて、ギャラリーに向かってポーズを決めてごあいさつします。さぁ次は私たちの番！　申し合わせの通り、フレッドが舞い降りてきてドアを開けてくれ、私もできるだけエレガントに降りたちそろってポーズをとります。すると、ギャラリーから温かい拍手が寄せられ、一同でホッと和むのです。

コンクールでは、親しい友人であるジャン＝フランソワが所有する、プロペラで走るクルマ「LEYAT HELICA de 1923」がグランプリを受賞。クルマを「煙の出る馬」なんて呼ぶのも、このクラブのおしゃれ心を表していますよね。ル・ポロ・ドゥ・パリの伝統にふさわしく、ロマンとエレガンスが香る魅惑的な昼下がり。パリの屋外の社交行事の醍醐味を満喫したこの日が、私のクラブ・デビューとなったのでした。

## 究極のモダニティを追い求めるフォンダシオン ルイ・ヴィトン

二〇一四年にオープンした現代アート・ミュージアム「フォンダシオン ルイ・ヴィトン」も、ブーローニュの森の北側、緑あふれるアクリマタシオン庭園の一角にあります。アメリカ人建築家のフランク・ゲーリーによる「ガラスでできた雲」を思わせる独創的な建築が森に出現した日から、パリにまたひとつ、現代アートの聖地が誕生したのです。

このミュージアムでは、フランス国内外を問わず、あらゆるジャンルの現代アートを奨励・振興するという強いイニシアティヴがあります。「感性を常に研ぎ澄ませていたい」と願うパリジャン&パリジェンヌたちにとって、現代アートの新境地を拓く企画展や、ルイ・ヴィトンの新しい感性に触れることができる空間があるのは、とても魅力的なのです。

ところで二〇一七年の十月、ヴァンドーム広場二番地に新しくオープンした「メゾンルイ・ヴィトン ヴァンドーム」が話題を集めています。一八五四年に、若きルイ・ヴィトンが初めてブティックをオープンしたメゾンのルーツとなるアドレス。旅にまつわる商品やラゲージ、プレタポルテ、ジュエリー、ウオッチ、革製品、靴、香水、アクセサリーなどすべてがそろいます。なかでも注目されるのは、ローラン・グラッソをはじめ、現代作家の三十三点のコンテンポラリー・アートが、ルイ・ヴィトンにより企画展示されたこと。全世界に強力な発信拠点をもつ、ルイ・ヴィトンのようなスーパー・メゾンがプロモートする芸術家たちは、急速に世界に知られる存在となるチャンスがあるのです。

フォンダシオンのポリシーとして、「どんな人でも、自由にアクセスできること」があります。大人も子供も、障害のあるなしに関わらず、現代アートの豊かさに触れるチャンスを増やすということ。フォンダシオンへは、凱旋門のエトワール広場の一角からシャトルバスが出ていて、クルマでないと不便なブーローニュの森にあって、アクセスにも便宜がはかられています。機会があったら、ぜひ訪れてみてはいかがでしょう。

## 帽子のおしゃれが緑に映える季節

十月の章でご紹介した秋の凱旋門賞の舞台、日本でもすっかりおなじみの「ロンシャン競馬場」は、ブーローニュの森の南の部分にあります。パリ北部の郊外、シャンティ競馬場で行われるディアンヌ杯とともに、社交イベントという側面が色濃くありました。

エルメス社が長年スポンサリングした「ディアンヌ杯」では、ノーブルな女性たちがエレガントなお帽子を誂え、初夏の競馬場に映える色鮮やかな装いを競い合う伝統があり、春先から十六区のパリジェンヌたちも準備を始めるのが恒例。広大な蒼い空や深い緑が広がる競馬場の風景にこそ映える、魅惑的な装いが競われます。現在は時計のロンジンがスポンサーを務めていますが、以前ほどの盛り上がりは感じられません。

装いのコンセプトを決めたら、さっそく、お気に入りの帽子店に赴き、相談します。果物満載のフルーツバスケットのような、アクロバティックなまでに芸術的なお帽子を先に誂え、ドレスは後から決める上級者も。帽子のおしゃれは、結婚式の際にも重要です。

春先に帽子屋さんや、二〇一六年夏に閉店した十六区のパリジェンヌの装いを支え続けた老舗デパート「フランク・エ・フィス」の帽子売り場などに、ドレスやスーツを携えて、帽子選びにやってくるマダムやマドモワゼルの姿が目立ち出すと、屋外の社交の時期になったサイン。季節を実感する毎年の光景なのでした。

## ローラン・ギャロスの「粋」と、初夏の夕べ

五月から六月に全仏オープンテニスが開催される「ローラン・ギャロス・スタジアム（＊4）」も、森の南の部分にあたります。テニスの観戦のみならず、こちらでもやはりエレガントな会食やカクテルが繰り広げられ、決勝戦のセンターコートのＶＩＰ席は、極めてシックな方々が顔をそろえます。現在は二〇二四年のパリ・オリンピックに向けて、あちらこちらで改装工事が進んでいます。

華やかにドレスアップする秋の屋内の社交スタイルに比べて、ローラン・ギャロスの装いは、モダンなスポーティー・エレガンス。スマートで軽やかな上質のファッションです。なかでもシニア世代は、男女ともに髪型とサングラスがなんともエレガント！

決勝戦のＶＩＰ席には、一朝一夕では成し得ない、ノーブルな歴史が培う正統的なエレガンスが垣間見られます。プライベートを幾重にもベールに包んだウルトラシックな人々、それがローラン・ギャロスの決勝戦の貴賓席の常連なのです。

エキサイティングに過ごした昼間のイベントの余韻が残る夕べなどは、眠るのが惜しくなるほど。夕食も軽く外ですませ、帰りにセーヌ河畔をドライブ。パリが、だんだん眠らない季節を迎えていきます。夕刻、わが家から出かける際は、パッシー通りを下ってコスタリカ広場を降り、セーヌ沿いの道をゆくとき、エッフェル塔が、その素晴らしい雄姿を見せます。パリの空は、無限大のキャンバス。だれもが夢の構図を描きながら走る、初夏のドライブは快適そのもの。夜は十時くらいまで明るく、一日が長いのです。

このころから、レストランでもカフェでも、テラス席は、パリの中でますます「最上席」になり、顧客のなかで最も魅力的な人から、太陽がまぶしいくらいの上席に通されます。

## 田舎の家と、パリのアパルトマン

パリの住人は、たいてい市内からクルマで一時間くらいのところに、「田舎の家」と呼ばれる郊外の家を持っています。週末などを、緑や自然の息吹に囲まれてリラックスして過ごせる「田舎の家」は、パリのスマートなアパルトマン生活の対極をいくもの。ふたつの住まいで心と体のバランスをとりながら生活をデザインします。

「田舎の家」での屋外での昼食は、春から夏にかけてシーズン到来。春のはじめに新調した新しいニュアンスのセルヴィエットやナップを用いてテーブル・セッティングをします。一般的に「田舎の家」では、盗難を避けるために、グラスやゴブレットはカジュアルなものを、風合いも、シックというよりカラフルなものを使います。カトラリーや銀食器も、一流ブランド一辺倒ではなく、田舎用の遊び心のあるものにして、パリのシックなテーブルとは趣を変えます。

ある週末、友人のエマニュエル夫妻の田舎の家にお呼ばれしました。いろいろな交流の輪の友人たちを、花の香りが立ち込める美しい庭に一堂に招いての、にぎやかな会食会。マロニエの木陰で、ボタニカルなモチーフの色鮮やかなテーブルが皆をひとつに包み、会食は大成功！　あれがパリのアパルトマンでのシックなソワレだったら、あんなに皆が打ち解けて楽しめなかったんじゃないかしら？と、後日、彼女と話していました。

「田舎の家」と、「パリのアパルトマン」。インテリアもテーブルも、装いも、ひいては時の過ごし方自体も、日常にふたつの「風景」と「リズム」を織り込みながら、人生を彩り豊かにデザインするパリの人々。彼らは、まさに生活術の上級者といえますね。

## ジュネーヴの邸宅でのマリアージュへ

太陽が朝から夜まで輝く六月は、マリアージュの季節。またモナコの薔薇の舞踏会をはじめ、メモリアルな初夏の社交イベントも続々と開催されます。パリから一、二時間のフライトで出向くことができる西ヨーロッパ全域へ、パリの人々は機会があれば、非常にフットワークよく出かけていきます。

とくに十六区マダムは、セレブレーションが大好き。積極的に参加する慣習があり、パリの街角ではこの時期、そんな会話に花が咲きます。出向いた先で出会う非日常の世界は、参加する側にとっては思いがけない贈り物、人生に彩りをもたらしてくれるものです。私にとって一番はじめの機会となったのは……もう二十年以上前の、六月のある夜会でした。

パリの親しい友人カップルの結婚披露パーティーが、スイスのジュネーヴ近郊の新郎の実家の館で行われることになったのです。ところが学業を終えて一年ほどの私の仲間たちは、それぞれ新天地に着任するタイミングにあたってしまい、皆、やむなく欠席だというのです。パリの仲間が不在とあっては、「どうしようかしら……」と迷いました。それでも新郎新婦に説得され、仲間を代表して、パリから出かけていくことになりました。

ドイツとスイスの血を引く新郎のお父さまは、世界の金融界でもその名を轟かせる大物。その夜は、欧米金融界の超VIPが一堂に集う一大イベントだったのです。私たちゲストのために、ジュネーヴのオテル・ベルグ（現在はフォーシーズンズ・グループになってFour Seasons Hotel des Bergues Genevaに）の建物の一部が貸し切られ、夜会の会場であるジュネーヴ郊外の館までは黒塗りのクルマが送迎してくださる、徹底したホスピタリティでした。

新郎はヨーロッパの由緒正しい、古い血統の出身で、ゲスト六百人のうち日本人はもちろん私だけ。どんな夕べになるのかしらと、微妙な心でパリから出かけていきました。

ジュネーヴに到着し、用意されていた当時のオテル・ベルグにチェックイン、さっそくドレスをプレスに出すと、ホテルの心地よいテラスで、まずは昼食をとることにしました。レマン湖を望むそのエレガントなテラスは、シックな人々がくつろいで会食することで知られる、ちょっとおしゃれなカフェ・レストラン。あわただしいパリの日常を離れて眺める、ジュネーヴの伸びやかな情景。子犬を連れた六十代のエレガントなマダムが、お一人で気持ちよさそうにタルタルステーキを召し上がっていました。好きなものを、好きな場所で、好きな時に楽しむ――。人生を思うままに謳歌するジュネーヴ在住の女性に見えました。

## 自分のスタイルを見極めている女性たち

舞踏会などの際、主催者はホテル内や近隣の美容院を貸し切り、ゲストはそこへ行けば、シニヨンなりダウンスタイルなり、希望のスタイルにセットしてもらえます。こうした正式な夜会では、ドレスコードはもちろん「ブラックタイ」。女性はくるぶしまでくるロングドレスを着用しますから、髪もそれなりにととのえるのが慣例です。指定の美容院に行くと、ヨーロッパ、アメリカそれにロシアからの賓客が、すでに集まっていました。

私の番がきて席に案内されると、お隣ではロシア金融界の若きＶＩＰ女性のシニヨンが仕上がるところ。どこから見ても完璧な出来栄えですが、ご本人は納得していない様子。

「きちんとなっている？　ほんとに大丈夫？　じゃあ、もうこれで仕方ないわね！」

ちょっとアクセントのあるフランス語で言い放つと、席を立っていきました。コワファー（美容師さん）の男性は、こちらにウインクしながら、ひとこと。

「花嫁さんも、あのマダムくらい、美しく完璧に、お支度できていればいいけれどね（笑）」

そうしている間にも、上流の夜会にふさわしく、往年の映画女優のようなクラシカルな美しさの婦人や魅惑的な女性たちが、それぞれの美しさを引き立てるスタイルに仕上がり、美容院を後にします。若いマドモワゼルでもリクエストは明解、そこに先進性を感じました。


その晩、私はデコルテのドレスを着用予定で、少しふんわりしたアップスタイルに。世界の女性が集まれば、すぐにおしゃれの情報交換が始まります。髪の艶や量感を褒められ、美のガールズ・トークから思いがけない友情が始まるのも楽しいものです。さまざまな国籍の女性の髪を扱い慣れた、ジュネーヴの技術に感銘を受けながら、滞在するホテルへと戻りました。

部屋に入ると、到着時にプレスに出しておいたオスカー・デ・ラ・レンタの私のドレスが、それこそ見違えるほど立体的に、素敵に仕上げられて届いていました。ウエスト部分の大きなレースのリボン部分には、薄紙を詰めて仕上げてあります。おそらくジュネーヴでは、こうした夜会が伝統的に頻繁に催され、老舗の超高級ホテルでは、クチュールのドレスのアイロンなど、日常茶飯事のことなのだろうなぁ……と想像をふくらませました。

さて主催者側がさし向けるクルマの時刻が近づき、ホテルのロビーに下りていくと、着飾った紳士・淑女が集まってきていました。リストを持つ係の女性が、数人ずつを一台にのせると、クルマは静かに発進し、私たちの長い夜はスタートをきりました。

あいにくの曇り空で、六月にしては肌寒く、クルマがレマン湖沿いの道から山道へと入り、夜会へと私たちをいざなう間、気づけば車内では暖房がつけられていました。

レマン湖の対岸に見える家々は、思い思いのスタイルで、しかも庭先から湖にそのままボートで出られる設え。ドライバーが、あれはだれだれの邸宅とか、別荘だとか教えてくれて、この「湖畔」に家を持つのは、世界の富豪のなかでも特別な方たちであることを今さらのように知りました。

クルマは次第に急な山道に入り、友人の実家の館に向けてさらにスピードを上げて向かっていきます。先ほどまでの曇り空からは、ポツポツ雨も降ってきました。ワイパーが倍速にシフトしてしばらくすると、ようやく、館の屋根が見えてきました。

近づくと、塀沿いに大きな警察車両が何台も止まっていて、機動隊のようなスイス警察が〝笑顔で〟警護にあたっていました。新郎の父の仕事の関係者、ヨーロッパやアメリカの金融経済界のトップが一堂に会するプライベート・パーティーとあって、不測のテロや襲撃に備え、表向きは穏便だけれど最高レベルの、厳しい警戒がなされていたのです。

## 幸福の姿とかたち

「樫の木荘」と名づけられた友人宅の館の正門を入り、クルマがなだらかな坂を下りきると、すでに多くの黒塗りのクルマが到着していました。正面玄関のクルマ寄せから中に入ると、新郎のご両親と新郎新婦がそろって、ゲストを迎えているところでした。

夜会の会場は、邸宅の庭に設えられた巨大なテント。この日の悪天候と寒さから、急遽、暖房が用意され、館の主である新郎の父は、あいさつの傍ら、指示出しにも忙しい様子。彼の後ろには男性と女性の秘書がつきっきりで、その緊迫感が周囲にも伝わるほどでした。

出席者はひとりひとり丁寧に紹介され、あいさつの列を進みます。そこにはパリの舞踏会では見たことがないほど、華麗な〝大人のゲスト〟が立ち並び、女性のドレスも、往年の舞踏会を思わせるような、洗練と格調の粋をいくエレガンス。流行とはまた違う、百花繚乱の観がありました。

パリでよく開催されるブランドのパーティーは、映画女優やセレブリティーにギャラを払って招き、彼女たちが身につける洋服やジュエリーは主催者側が用意する、いわば作り物のショーです。それも素敵な夕べなのですが……。

一方、こうしたヨーロッパの古い血族の夜会では、家族伝来の見事なジュエリーや、気品とクラシシズムが香る、ご自身ならではのクチュールなどの装いが目立ちます。

ノーブルな風貌の男性や、「絶世の美女」を思わせるシニアの夫人、それに、飾りたてないフレッシュなマドモワゼルなどが、とくに印象的。彼らは、テレビやマスコミに露出することを嫌い、プライベートな極上の生活は高い塀の内側に固く秘めて、決して顕《あらわ》にしないのです。まさにこの一点で、その人が、本物のシックな人かどうかがわかります。

さて、会の冒頭で、主催者である新郎のお父さまがスピーチをなさいました。今宵世界中から、館に足を運んでくれた出席者への謝辞、そして愛する息子の結婚を喜ぶ、曽祖父から始まる一族を代表しての心温まる言葉は、私たちの心を大きく動かすものでした。

世界の金融界にその名を知られる新郎のお父さまには、かねてよりある望みがあったそう。それは、いつかこんなふうに、長い時間をかけて世界中で信頼関係を結んできた親しい友人たちをみんな自宅に招いて、人生に一度、大きなパーティーを催すこと。神様もきっとそれを許してくれるだろうと。今回そんな素晴らしい契機を作ってくれた愛する息子に、心から感謝の気持ちを表したいというのです。さらに、息子は生まれつきチャーミングな存在で、自分たち両親ばかりでなく、双方の祖父母や曽祖父母までをも、いつも幸せな気持ちにしてくれた。伴侶を得て、これから幸せが限りなく広がっていくことを祈りたい

――というものでした。

確かにチャーミングな新郎ですが、厳格なお父さまをもメロメロにさせてしまうとは、「彼は神様がご機嫌な時に創られた人だね」と話題になることしきり。また小さいころから使用人など血縁でない大人に囲まれて育つ、こうしたオールドリッチの子息たちは、大人たちにいかにチャーミングに接すれば、自分の望みをスムースに通すことができるかを会得して育った人々。その善し悪しは別として、特別な〝才能〟があるのです！

## 人生の軌跡に彩られた魅惑的なダンスの二人

恒例の新郎新婦のダンスが披露され、それを皮切りに、ダンスフロアがあっという間に、さまざまな年代のエレガントなカップルでいっぱいになっていきました。気づくと、皆がダンスフロアの一組のカップルに注目しているではありませんか。新郎新婦より、ご両親より、素晴らしいダンスを披露していたのは、なんと新郎の祖父母でした。

ゲーリー・クーパーも顔負けのエレガントなおじいさまに、ふんわりグレイシャスなおばあさま。そのあまりにも息の合ったダンスに、その場に居合わせただれもが息をのみました。どんな映画スターやソーシャライトのダンスもかすんでしまうほど、その夢のような光景は、いまだに目に焼きついています。

人生の軌跡と輝きに彩られた、本物のカップルならではの圧巻のダンスは、何曲も続き、ラストダンスが終わると万雷の拍手！　夢見心地にさせられたような、素敵な瞬間でした。だれもが、「あんなふうに素敵にカップルで年を重ねられたらどんなに素敵かしら」と思ったもの。「幸せに年を重ねる」という言葉を、本当にかみしめたひとときでした。

フロアでは、ひとしきりダンスタイムが進むと、今度はパートナーを替えて、シニアのおじさま方が、当時の私たち、若いマドモワゼルたちの相手をしてくださいました。ダンスの合間のおしゃべりや、そのもてなしの術も、若いギャルソンたちは太刀打ちできないほどスマート。さらに、彼らは一緒に踊りながら耳元で囁きます。

「マドモワゼルは、リュクス・ビジネスをやってるの？　リュクスはね、人生を照らす大切な光だからね。パリでこれから彩りのある人生が待っていますよ。幸せと成功をね！」

こんなエレガンスの年輪を感じさせられる、素敵な言葉をかけてくださいます。

シニアの方々に、生きてきた時間の〝輝き〟が宿るように感じるのは、私だけではないはず。若いギャルソンたちも、なんとかシニアマダムをダンスに誘い、パートナーを替えながらのダンスタイムは、和やかに進行します。そして若いハートには必ず、普段の生活では得難い人生の金言が、さりげなく授けられるのです。

## 楽しいテーブルでの会話

さて、私たちのテーブルは、新郎の出身であるスイスのプライベート・スクール、ロゼー校の同級生たちの席で、楽しい面々がテーブルを囲み、最初からかなりエキサイティング！　たまたまパリのわが家のすぐそばに住んでいる人もいれば、私の仕事関連のリュクス・ビジネスの創業家の末裔や、ワールドカップスキーの選手だった新郎のライバル選手、スイスのプライベートバンクの創業者の末裔など、話ははじめから盛り上がりました。テーブル・プランを新郎新婦がよく考えて決めてくれたおかげでした。

着席のパーティーの場合、会も半ばになり、ダンスフロアがにぎやかになるころには、各テーブルをまわって新しい交流を促す、初老のパーソナリティーがいらして、会のよい緊張感が途切れることがありません。まして私はその夜たった一人の東洋人ゲスト。欧米の由緒正しい血族の方々の関心を集め、特別なおもてなしを受けていたでしょう。

はたして「エレガントなゲスト」となれたかは、自信がありません。それでも、ポジティヴな心がたくさん集まったこの宵の楽しさは、その後、世界の人が集まるどんなパーティーに向かうときも、私の気持ちを明るくさせるものとなりました。

大切なのは、慇懃《いんぎん》無礼と受け止められるような行為はやめること。パリのソワレや舞踏会でもそうなのですが、年配の方には、もちろんリスペクトを表しますが、正式な「メンバー」として迎えられてテーブルを囲んだなら、恥じらいをたしなみながらも、臆せず自分を表現してみることです。

ほとんどの場合、プレノン（ファーストネーム）で呼び合うような親しい関係が約束されます。若輩の人も、シニアの方に促されると、「ナタリー」とか「ジャン＝ルイ」などというふうに、プレノンで呼ばせていただきます。さらに会話のなかに相手の名前を挿入すると、丁寧な言いまわしになり、会話がさらにスムースに弾んでいくのです。

## 客観的な真理を授けてくれる「クラブ・ソサエティ」

この夕べで気づいたのは、どんな億万長者の富豪であっても、名門出身のプリンスやプリンセスでも、人にはそれぞれ幸福感をマックスに感じる、いわば「リュクス」を感じる〝ツボ〟があって、つまるところはそのために、人生を懸命に生きているということ。

巨額の投資プロジェクトを世界的に展開している人であっても、ささやかな自分ならではのリュクスを楽しみつつ慎ましやかに生きている人であっても、その幸福感については、実は違いはないのです。

新郎の父は、世界的に高名な金融界のリーダーで、社交界でも知られる人物。ところがこの日の時ならぬ「寒さ対策」のために、大テントを一番迅速に動いて、事の手当にあたっていました。そして忙しい合間に歩みを止め、新郎新婦の初めてのダンスに見入っていた様子には、だれもがシンパシーを抱いたものでした。

私はこの時期、留学を終えて、在学中所属していたリュクスのゼミナールの関係で、パリで仕事を依頼されたばかり。もともとはあっさり東京の両親のもとに戻るつもりでしたが、差し出されたチャンスがあまりにもエキサイティングで、これだけは、ここまでは……と思いながら、どんどん時間が過ぎていっていたところでした。

「キョウコ、パリではどうですか?」と尋ねてくださった新郎のパパに、

「東京に戻りたいような……でもパリでの今のチャンスも、またとないものだと思うし。これから、どちらの都市で生きていったらいいのか、まだ決心がつかないんです」

と、思わず口をついて打ち明けると、ほほえんで、次のように話してくださったのです。

「いまはヨーロッパ域内ならば、一、二時間のフライトで出向くことができる時代。ボクらはね、ウイークデーは、ロンドンのシティーで仕事をし、週末はジュネーヴの自宅で過ごすんだ。『住んでいるのはどこ?』と聞かれたら、何て言ったらいいかわからないさ」

と、彼独特の深い眼差しで語りました。

「いまに移動時間は飛躍的に短くなるよ。パリか東京かを選ぶなんてナンセンス。あなたにとってどちらも幸運な場ならば、迷わず両方を選びなさい。世界に複数の拠点を持ち人

生をつくる時代になるし、大きく手を広げているパリとの縁を手放してはだめですよ」

ヨーロッパ域内と、東京＝パリのフライトとでは、距離も時間も異なるけれど、彼の助言は結果的に父の考えと同じで、私の生き方に大きなインパクトを与えました。あれから二十年以上の年月がたち、確かに、世界的に「ノマド」の時代が訪れていますものね。

あのタイミングで、私にそんな助言をできた人は、まわりにたくさんいる人たちのなかでも、彼しかいなかったと思います。なぜなら私の両親をよく知るメンターの方々ならば、たとえ彼と同じ意見であっても、東京で私の帰りを待つ両親の顔が浮かんで、口にはできなかったでしょうから。友人たちにしても、互いの心持ちや状況を知るだけに、相手を気遣って率直な発言を躊躇したでしょう。

見識のある客観的なアドバイスを授けてくれる人は、意外に少ないのです。人生の真理などは、パリジェンヌも読書などを通して、哲学や先人の言葉から学びます。でももうひとつ大きな気づきとなるのは、ソワレや社交クラブなどで、確かな見識をもつ人物と自由で柵のない立場で同席した折にいただく真の言葉です。

同じような階層や嗜好の、異なる年代の人々が会する「クラブ・ソサエティ」で繰り広げられる会話や人間関係は、貴重なもの。また人生の金言は、自分を取り巻く環境から会得するものながら、時にはカフェなどで、隣り合わせた人のつぶやきや、偶然聞こえてきた他人の会話のなかに、確かな真実があることもあるのです。

## ヨーロッパの王家の家系図が教えてくれるもの

ソワレで思ったもうひとつのことは、出席者に、国籍の異なるカップルが非常に多いということ。もともとヨーロッパは地続きですから交流が盛んです。歴史的に、ヨーロッパの王族なども、政略結婚で異なる王家の配偶者を迎え入れてきたわけですから、純血の民族など、あるはずもないことなのです。

数年前に、スイスの宝飾メゾン、ピアジェが、パリ近郊のマルメゾン城の薔薇園の修復に資金を提供し、その完成の際にご招待いただき、訪れたことがありました。

この城は、ナポレオン三世の妻だったジョゼフィーヌが、ナポレオンと離婚後、城とコレクションを譲り受け、薔薇をこよなく愛する彼女が薔薇園を再生させ、そのままこの地で亡くなったという場所。ピアジェは、創業家の末裔イヴ・ピアジェ氏が薔薇の愛好家で、その名を冠したローズがあり、そこから薔薇のモチーフのジュエリー・コレクションもあるほど。そんなピアジェが、ジョゼフィーヌにオマージュを捧げてこのプロジェクトに協力したのです。その洒脱なイニシアティヴに、パリの人々も魅了されて、よく訪れています。

さてこの城の中の建物の二階に、ヨーロッパの王族の華麗な家系図が掛けられています。

それを見たとき、改めてどれほど多くの当時のプリンセスたちが、異なる王家に嫁いでいるのかを知りました。イタリアからフランスのルイ王朝に嫁いだ、カトリーヌ・ドゥ・メディシス、ウイーンのハプスブルグ家からフランスに嫁いだマリー・アントワネットはあまりにも有名です。

各国の王族は、いくつかの王家の血を引くわけで、末裔はいわば「ミックス」。まさにノーブルな血族を吸収し合って、歴史を〝紡いで〟きたわけです。そうした人々の心をひとつにするのは、人間に共通する気持ち。女性どうしならばシンパシーを抱き合えるものを見出し、絆を紡いだのでしょう。ヨーロッパのノブレスたちが、人間力があり、逆境に強く、非常に社交上手なのも、そんな歴史が絡んでいるからかもしれませんね。

## 触れ合ってこそ動き出す世界

日本は、ほぼ単一民族で長い歴史を培い、「語らずともわかる」といわれる「あうんの呼吸」が成り立つ国民性。「同じである」ことが心地よく、「違う」ことが苦手な社会です。

ジュネーヴでの夜会で学んだことは、違うからこそ、人としての信頼を礎に触れ合い、自分にない何かを知ることで、素敵なものを手にできるということ。あれから二十年以上がたち、世界は信じられないほど変貌を遂げました。ただこの真理だけは、今も揺らぐことなく私の中にあります。

あの晩、深夜になって三々五々、明かりが瞬くジュネーヴの市街へ降りていく高速ドライブで夜会は締めくくられました。ただ、行きとはまったく違う心持ちをのせて――。

この日はジュネーヴに着いてから、新しいことばかりの連続。でもこの夕べがどれほど、その後のヨーロッパ生活の礎になったことでしょう。魅惑的な出会いに、人生の先輩からの金言。さまざまな人生のありように触れ、暮らしの紡ぎ方に接して、限りないほど豊かなインスピレーションを得ました。新しい世界の扉、何より素敵な語らいや美しい情景など、彩り豊かな夕べとなりました。

それもこれも、友人カップルとの厚い友情と、開放的な六月のパリのムードが、私をジュネーヴに、大きく送り出してくれた賜物。遠い日の、出発点となった出来事なのです。

（＊1）フォンダシオン ルイ・ヴィトン〈Fondation Louis Vuitton〉8 Avenue du Mahatma Gandhi, Bois de Boulogne 75116 Paris
（＊2）プレ・キャトラン〈Le Pré Catelan〉Bois de Boulogne 75016 Paris
（＊3）グラン・カスカード〈La Grande Cascade〉Allée des longchamp-Bois de Boulogne 75016 Paris
（＊4）ローラン・ギャロス・スタジアム〈Stade Roland-Garros〉2 Avenue Gordon Bennett 75116 Paris

# Juillet

7月——ファッション・ウイークのパリの街

# 七月のパリの情景

「紺碧の海」を思わせる、七月のパリの空。ロイヤルブルーに塗りつぶしたような、蒼く澄んだ空を眺めていると、ヴァカンスへ！と心は逸《はや》ります。ただその前に、七月初旬のパリには、「美の都」の一大イベント「秋冬パリ・オートクチュール・コレクション」、いわゆる「ファッション・ウイーク」が到来します。オートクチュールとは、「高級注文仕立ての服」のこと。世界中でパリでのみ、一月と七月に発表されます。

世界に冠たるクチュール・メゾンは、新しい季節がめぐり来るたびに、メゾンが培う新しい美の感性を「ドレス」に表現します。

クチュール・コレクションは、プレシャスでゴージャス、繊細で洗練された、極上のリュクスな美感が濃密に表現されるもの。膨大な時間と、気の遠くなるような緻密なクチュール技術を尽くして世に送り出されていくのです。

「最新の美意識」は、映像でコレクション会場にも映し出されます。そしてクチュールのデフィレ（ファッションショー）は、限られたクチュールの顧客ばかりでなく、メゾンが描く「最新の美」を世界にパワフルに発信する、いってみれば「一大プレゼンテーション」の機会なのです。

この時期は世界中から、プレスはもとより、メゾンの賓客がプライベートジェットでパリに駆けつけます。近年は、宝飾メゾンの新作ハイジュエリー・コレクションも同時期にパリで発表されるのが恒例で、七月はじめのパリには、時の「最高の美感」がひしめき合います。それをまるで大きなバルーンに込めて、パリの空高くに掲げ、晴れやかに発信していくようなのです。

ここ十年でスタイリッシュにリニューアルされたパリのブランド街。パリは、世界の賓客を、もてなしの限りを尽くして迎え、〝美のイニシアティヴ〟を握ります。

パリの人々にとっても、美のトップランナーが描き出す「最旬の美観」をライブで目の当たりにできるこの時期は、だれもが美意識を試され、ちょっと興奮する「一週間」です。

一方で、それ以外の業種の人たちの多くは、七月はじめには、夏のヴァカンス地へ旅立っていきます。七月ヴァカンス組を、月の名前のジュイエ〈Juillet〉からジュイスト〈Juillist〉、八月組を、八月のウット〈Août〉からウーティエ〈Aoûtier〉と呼びます。

月末には、ツール・ド・フランスがパリに戻り、同時にシャッセクロワゼ〈chassé-croisé〉といわれる、いわば「人員配置転換」が繰り広げられます。輝く太陽の時間で磨かれた黄金の笑顔のヴァカンス帰還組と、さぁこれからヴァカンスへ！と、意気揚々旅立っていく白い顔の出発組。対照的なふたつのグループが織りなす「民族大移動」が、幹線道路や空港、主要な鉄道の駅で交差し、夏の風景を大きく動かしていくのです。

## パリ・オートクチュール・コレクション

時代の趨勢《すうせい》で、デジタル化が進むファッション界にあっても、クチュールのデフィレやハイジュエリーのプレゼンテーションの招待状は、上質なカードに花文字の宛名書きがスタンダード。招待状を届けるクルシエ（バイク便）のバイクがメゾンの本社脇にスタンバイするころには、本番まであと数日。美の興奮の予兆を感じさせる風景です。クチュールのショー会場は、パリのロマンあふれる歴史的建造物も多く使われ、テーマに合った洒脱な舞台が創られます。現在はグラン・パレ国立美術館やロダン美術館、シャイヨー宮、またはクチュール・メゾンの本店などで多く開催されています。

パリオートクチュール協会の厳格な条件を満たして初めて認められる「正式メンバー」のタイトルは、近年減り続け、現在は、クリスチャン・ディオール、シャネル、ジャンポール・ゴルティエ、ジヴァンシー、ジャンヴァティスタ・ヴァリ、スキャパレリ、メゾン・マルジェラ他の数社のみ。外国籍のヴァレンティノやジョルジオ・アルマーニ・プリヴェなどは、招待メンバーです。

メゾンのアーティスティック・ディレクターがデザインする、渾身のクチュール・コレクション。ゴージャスで斬新、繊細な美意識を精密に体現するため、メゾンのアトリエの熟練お針子さんたちは、膨大な時間を費やし、芸術的なまでに美しいドレスに仕上げます。一方、ブティックで販売される既製服が「プレタポルテ」。クチュールで表現された「時の美観」をマーケティングで希釈して、工場で生産する現実ラインです。

現代のパリジェンヌにとっての「クチュール・コレクションとは？」というと、実際に購入目的でショーに足を運ぶのは極めて少数派。プレタポルテを自分なりに楽しむ、シックでおしゃれな女性たちがパリジェンヌです。富裕であっても、ラグジュアリーな服飾に法外に支出するのはナンセンス、と考えるのが彼女たちです。

パリジェンヌは、むしろメゾンが時代の最前線で紡ぎ出す、最新の美や贅のメッセージに興味があり、時の美の真髄を、自らの美意識で見極めたいのです。デフィレで出会う、パワフルなトレンドメッセージは、自らの感性に響けば賢く取り入れていきます。

さてプレタポルテの上顧客が、クチュールのデフィレに招かれ、会場に「パリの社交界」がふっと現れることもあります。フロントロー（最前列）に座るショー・ビジネス界のセレブリティーは、メゾンが用意したドレスを着用していることが多いのですが、楽しみなのは、会場で遭遇する「深窓のパリマダム」たち。彼女たちならではの、ノーブルで詩情豊かな装いや、エレガントなたたずまい、そして洗練された立ち振る舞いには、上質なヒントがいっぱい！　コレクションは女性磨きの大切なレッスンの場でもあるのです。

## オートクチュールのデフィレにやってくる女性たち

ところで、オートクチュールの服ともなると、いったいおいくらくらいするのでしょう？報道によれば、クチュールの顧客ならば、メゾンの最高級のサービスに好感を持ち、一着の夜会用のドレスに約十万ユーロ、スーツには約四万ユーロ、さらに総刺しゅうが施されたウエディングドレスともなれば五十万ユーロを出費するそうです。

プレタポルテが、マーケティングに裏打ちされた現実的ビジネスとすると、オートクチュールは、長いこと「メゾンの最高級の美意識」の披露の場で、美の個性をドラマティックに創造して見せる舞台でした。事実、オートクチュールは、久しく利益をもたらす花形のジャンルではなく、ミレニアム前後は、存亡の危機も囁かれたのですから。

現代クチュールの〝リアルな〟顧客は、中国人などで、この7、8年の間に急速に誕生した億万長者ミリオネアならぬ、ビリオネアといったお金持ち。メゾンの並外れた超VIP待遇を受けて、人をあっと言わせる素晴らしいドレスの購入を目的に、プライベートジェットでパリに来て、デフィレの最前列に座り、プレスの社交欄に収まります。現在、クチュール・メゾンのお針子さんは飛行機に乗って、顧客の邸宅まで仮縫いに赴くそう。クチュールが強力なビジネスとなる時代の再来です。最も激動する経済動向で、あっさり変わりゆくことですが。

歴史や時代は動き、パリのブランド街を潤わせる〝時の超富裕層〟も変遷を遂げました。八十年代バブルに沸く日本人から、アメリカ人、ロシア人、中東オイルマネーの人々、そして、現在の中国の新興富裕層というふうに。

リュクス・メゾンの幹部たちは、洗練された豪華さと緻密な技術に裏打ちされた「オートクチュール」や「ハイジュエリー」は、然るべき超富裕層にとっては、極めて魅惑的なアイテムであり続けるはずだと自信をにじませます。

人々に夢を抱かせ、極上の至福感をもたらす、紛れもない「リュクス」。確かにフランスが世界に誇る、最高級の美的生活術（アール・ド・ヴィーヴル）ですものね。

## ファッション・ウイークのパリの街

この時期のパリは、オートクチュールの顧客のみならず、ジャーナリストやコンサルタント、最先端の美を見極める世界一流のスペシャリストたちでにぎわいます。パリの五つ星ホテルの中でも、最上位の「パラス」の称号を持つホテルは、二〇一六年時点で市内に十軒。オテル・ル・ブリストル、フォーシーズンズ・ホテル・ジョルジュサンク・パリ、オテル・ル・ムーリス、パークハイアット・パリ・ヴァンドーム、プラザ・アテネ・パリ、ル ロワイヤル モンソー ラッフルズ パリ、シャングリラ・ホテル、マンダリン オリエンタル・パリ、ラ レゼルヴ パリ、そしてザ ペニンシュラ。次回の認定には、前回リニューアル直後だったリッツ・パリや、改装中だったオテル・ド・クリヨン ア・ローズウッドホテルも加わるはず。錚々《そうそう》たるパリの超高級老舗ホテルに加え、アジア系のリュクス・ホテルも参戦、パリのホテルは、モダンで繊細なおもてなしを強化して、大激戦を繰り広げています。

極めて繊細なサービスを求める、世界的な賓客が会するこの時期のパリは、パラスホテルのコンシェルジュたちの、まさに腕の見せどころ。ハイエンドなレストランやバーばかりでなく、知る人ぞ知る、隠れ家的なスポットまで、予約は見事にいっぱいになります。また時に、寂れた場所に、忽然と大きなリムジンが停車しているなど、街のあらゆるところで極秘の動きがあるのです。

朝食会、カクテル、ランチ、ディナー、ソワレなど、一日に幾重もスケジュールが入ります。パリが次世代の美を語らうとき。洒脱な密談が重ねられ、世界を巻き込む「美の構想」が大きく突き動かされていくのです。

## 「美の動向」に敏感なパリの住人たち

パリの日刊紙やテレビのメインニュースでも、ショーの詳細は大きく報じられ、パリの住人たちは、美意識を刺激され、新しい「美の動向」に無関心ではいられません。しかも「自分の言葉」でコメントをせずにはいられないのが、住人たちの気質です。

巨匠カール・ラガーフェルドが毎回、モダンでファンタジックな、真新しい美の世界観を生み出す、シャネルのオートクチュール・コレクション。繊細な技術による圧巻のドレスと、グラン・パレに大胆な舞台装置を設えて振る舞う洒脱なエスプリは、圧倒的な迫力で、その美の感性を訴えてきます。余談ですが、二〇二〇年より大規模な改修工事に入るグラン・パレには、シャネルからかなりのドネーションが寄せられているようです。

さてデフィレには、今をときめく世界のセレブリティーが来場しますが、パリジェンヌたちの〝リアル〟なシャネルの着こなしも、それは見ごたえがあります。

あるとき、魅惑的なシャネルのデフィレの後、仲よしの〝シャネラー〟であるナタリーと、ショーの興奮醒めやらぬ、グラン・パレ近くのパラスホテルのお気に入りのテラスでランチをとることにしました。クリスティーズにほど近い新しいスポットで、この季節に最適なテラス席があり、付近のアート・ビジネスやリュクス・ビジネスなどの、モダンでスマートな人々でにぎわいます。そのときも、周囲は画廊ビジネスのムッシューたち。

いま観たばかりのショーをレヴューしようと、ナタリーと私が、アペリティフを口にしたところで、隣のテーブルのムッシューから、遠慮がちに声をかけられました。

「あの失礼ですが、シャネルのクチュール、いらしたんですか？　そのご様子だと、また素晴らしかったんですね！　カールは相変わらず冴えていましたか！」

時の美意識にインパクトを与える「シャネルのオートクチュール」には、だれもが興味津津。ナタリーと描写を試みながら、しばしテーブルを超えたランチとなりました。これもパリの日常。いまはコレクションは、ネットでも観られますが、現場の躍動と興奮は想像以上です。

さて次のショー会場は十六区。着替えに十六区の家に戻る際、ラズベリーでも買いにと、自宅脇のマルシェに立ち寄ると、マルシェのおじさんから声をかけられました。

「マダム、デフィレの帰りですか？　今朝のクチュールのデフィレ、お昼のニュースでやってたけどさ、なんだか今回は、黒のドレスが多いよね。不穏な時代の予兆じゃなきゃいいけどさ。やっぱりドレスは、ぱっと明るいほうがいいよなぁ」

確かに！　二〇〇一年の九・一一の際も、さかのぼること半年前の三月、プレタポルテのコレクションの際に、期せずして多くのメゾンで、黒のドレスが目立っていたのです。それに彼のご指摘の通り、晴れやかな席にまとうドレスは、やっぱり「幸せ色」がいいですものね。こんな会話が日常的に、街の随所で交わされるのが、パリの街。時代の最前線で美を創り出す人の鋭い美感と技を育み、一方で、住人たちの優れた美意識を磨く街。

パリから発信される美のバイブレーションは、同時代を生きる世界中の人々の人生を彩っていきます。ここから美感がふんわり飛び立ち、世界中に満ちていくのを肌で感じられるのが、なんとなく楽しいのです。

## 時代がクリエーターに創らせるもの

ファッションやジュエリーの世界で、クリエーターが創造するものは、彼らが同時代を生きながら感じたり、予見する感性で生み出されます。つまりいまの時代が、彼らに〝創らせている〟ともいえますね。パリの人々は、そんな時代に促されて誕生するクリエーションの動向に高い関心を抱きますし、美感の「精度」に非常に敏感です。

そういえばある年、パリの老舗ジュエラーが夏のファッション・ウイークに発表したハイジュエリー・コレクションを取材した際に、こんなことがありました。

当時は急速にデジタル化が進み、社会のインテリジェント化も加速。すべてをコントロールできる、機械仕立ての箱の中にいるような、閉塞感と戸惑いを感じていたころ。一方、地球温暖化が進み、世界は異常気象による未曽有の自然災害に見舞われ、世界中の人々が、得体の知れない不安にかられていたのです。

発表されたコレクションは、メゾンの美のパートナー、華麗な顧客として一時代をなしたインドのマハラジャにまつわるもの。インドとメゾンが紡ぎ出した、壮麗な宝飾のエスプリを、現代というコンテクストで、改めて創造したものでした。

さてそのなかに、コレクションを鮮烈に印象付ける、圧倒的に新しい美感を湛えたプラチナ製のネックレスがありました。先行撮影された資料を見ても、ひと目でそのピースが、コレクション随一と直感、編集の方と、「カバーページはこちらに」と即、決まりました。

それはインドの神秘を思わせる87．71カラットの美麗なエメラルドが中央にセットされた、とても印象的なネックレス。この貴石に促されるように、クッションカットのブロンズカラーダイヤモンドやブルーグリーンサファイヤ、それにブリオレットカットのブロンズカラーダイヤモンドやブリリアントカットのダイヤモンドといった多彩な貴石が配され、どこかスピリチュアルなオーラまでまとって、見るものに迫ってくるのです。金属と貴石でできた無機質な宝飾を見ているというより、何か心地よい「情景」を眺めているような、不思議な心持ちにさせるのです。その〝宝飾の風景〟を描写すると――「自然のエネルギーが凝縮するインドの秘境の、この世のものとは思えないほど、清らかな湖の前にたたずむとき。すがすがしい精神の静寂、差し込む光のきらめきと礼賛。そして長い年月で培われてきた雄大な大地が育む、温かい抱擁と深い安らぎ……」

後日ジュエラーを訪れた際、アトリエのディレクトリスにそう話すと驚かれました。

「キョウコ、どうしてわかるの？　まさにそのコンセプトよ！　あのネックレスは……」

さらに、後日ジュエラーのプレス担当者から、不意に連絡が舞い込みました。

「実は、例のエメラルドのプラチナ・ネックレス、ご掲載が叶わなくなったんです」

話の内容はこうでした。七月のファッション・ウイークでの先行撮影の直後、各国のトップ数組の上顧客を招いたハイジュエリーのお披露目の日、ある非常に富裕な婦人が、ネックレスに目が釘づけになって、すぐさまエッセイヤージュ（試着）が行われたそう。そして最後の留め金をはめるや否や、彼女は目を輝かせてこう言いました。

「ああ、もうこのネックレスは、私の体の一部になってしまったわ！」

価格として五億円くらいは、ゆうにするものでしたが、「もう二度とはずすことができない」くらい体にぴたりと寄り添い、彼女が抱えていた得体の知れない不安感や閉塞感を即座に消し去って、心を満たしてくれたというのです。

そしてその言葉の通り、ご購入は即決、お持ち帰りになったとか！　さらに婦人は、以後、ネックレスのビジュアルはもとより、イラスト画であっても露出することを固く禁じたため、私たちのページの企画などは、あっさり！吹き飛んでしまったのです。

## 予見する美と「リュクス」のちから

面白いと思ったのは、「体の一部になった！」という言葉。いまを生きる人々の、生命の中枢みたいなところにある不安感や閉塞感、言いようのないもどかしさから瞬間的に解き放ち、ジュエリーがたおやかに癒して、心を満たしたということ。

これはとてつもなくすごいことです。ネガティヴな感情を消して心を潤すには、たとえばきらめく太陽のもと、大自然の中で思い切りリラックスして過ごす、ひと夏のヴァカンスが必要です。それを、ジュエリーのちからで瞬時に、見事に成し遂げてしまったというわけですから。

超一流のジュエラーでは、コレクション発表に先立って、通常二年から三年前にコレクションのプランをスタートさせます。デザイナーは、およそ三年先の世界や人々の心持ちを予見しながら、ジュエリーを創造しますから、その美の予見力は、素晴らしい精度を持っていたということです。さすがフランス随一の老舗のジュエラー、時代の最先端で出会った「風」に抱かせられた美の「直感」から、大きな包容力のある極めつきのリュクスを創造したのですね。こうしたハイジュエリーに濃縮された「強い美感」は、マーケティングを加味し、普通のジュエリー・ラインに落とし込んでいきます。

こうした「時代を拓いていく美意識」に関して、パリの住人たちは強い関心を抱きます。購入などには、おおよそ関係なくとも、その美の精度を糾《ただ》して自分の目で見て確かめておかなければ、どうにも気がすまないのです。

パリのリュクス街には、いつの時代も「時代を変えたジュエリー」や「一時代を創るドレスやジャケット」があります。時代を動かすロマンティックなエピソードや時の社会のありようとも絡み合いながら、歴史に編み込まれていくのです。

二月の章でご紹介した「ウインザー公爵夫人のカボションサファイヤのブローチ」や、世界の富裕層に支持される、プラザ・アテネ・パリの優雅なバーに集う女性をイメージしてクリスチャン・ディオールがデザインした「バージャケット」などがそれです。美を語り合い、熱い時間がぎっしり詰まったファッション・ウイークを過ごすたびに、いつも次のことを思います。

パリにはいつも、時代を動かす世界的な超富裕層が、美の夢と資産を抱えて代わる代わるやってきて、最先端の「贅」をまとう繊細な美感を、時の最高の才能と共に生み出します。脈々と紡ぎ出す「美の時間軸」は壮大で、パリの歴史をつかさどるほど。

そして、いつの時代も、そこには必ずパリの住人、とりわけ「パリマダム」という、美の直感に優れ、繊細な美のニュアンスを見分けられる〝美の番人〟がいて、パリの創造世界の一翼を、ずっと昔から担ってきているのだと。

# 革命祭の日のパリ

七月一四日の革命祭、ル・キャトーズ・ジュイエ〈Le 14 Juillet〉は、国を挙げての祝祭日。恒例のパレードのために、シャンゼリゼ大通りからコンコルド広場までの通りは、前日からクルマの往来がストップ。その間のメトロの駅も封鎖されます。

朝一番、轟音を上げて、デファンス方面から凱旋門をかすめ、シャンゼリゼの上空を一直線に飛行する九機の最新鋭空軍機。赤・白・ブルーの三色の噴煙が空に描き出す鮮やかなフランス国旗を合図に、パレードは晴れやかにスタートします。

シャンゼリゼ大通りから、来賓の待つコンコルド広場まで、長いパレードが続きます。行進を終えると、大統領のスピーチ。続いてエリゼ宮での恒例の共同記者会見や関連行事が執り行われるのが伝統。夕刻からは、シャン・ド・マルス公園での野外コンサートが開催され、午後十時ごろに陽が落ちるのを見届けると、毎年アーティスティックに趣向を凝らした素晴らしい花火のパフォーマンスに心が揺さぶられます。

私たちのアパルトマンの屋上からは、手を伸ばせばつかめてしまうかのような、エッフェル塔の圧巻の全景を眺めることができます。時おり最上階のお宅が、七月一四日の革命祭の夜に、屋上でモダンなダンスパーティーを催して、お招きくださいます。空に閃光が飛び交い、音楽が鳴り響き、かなりセンスのいいソワレ。アパルトマンの住人たちも大いに楽しませていただきます。ドレスコードは、全身、靴まで白！が定番です。

当日、屋上には、無数の小旗で赤サイドと青サイドが設けられ、真ん中は〝白い装いの〟招待客が弾けんばかりに踊る、白いダンスフロア。飛行機から眺めたら、大きなフランス国旗が揺れるように見えるはず。十六区の住人らしい、洒脱な演出です。

エッフェル塔の全景と壮麗な花火のパフォーマンスをバックに、老いも若きも、白い装いの百人以上の男女が、ダンサブルに踊り明かす夜。日常のある瞬間を、人生の記憶に刻むほど素敵な時間に仕立てることにかけて、パリの人々は本当に天才的な企画力とパワーを見せます。

革命祭の日は、多くのパリの住人たちが、すでにヴァカンスに旅立っています。ただもし国内にいれば、国のありようを見つめる大切な日。哲学を嗜み、言論の自由を重んじ、人権や自由というコンセプトに関して、非常に敏感なフランスですから。

さて、この日の大統領のスピーチや共同記者会見で、とりあえず国の基本的な姿勢が守られていることを見届けると、問題は山積みでも、政治もひとまず休戦へ――。

大統領も、内閣も、議会も、そしてフランスという国全体も、だれもが夏のヴァカンスへと旅立ちます。そしてここからのパリは、ぴ～ん！と張っていた、あらゆる緊張の糸がゆるんで、街もゆっくりと長い休暇に入っていくのです。

# Août

8月——夏のヴァカンスとパリジェンヌたちのセパニュイール

# 大自然の中で癒される夏のヴァカンス

フランス人にとって夏のヴァカンスは、一年の成否を決めるほど大きなもの。それは、ヴァカンスが終わった瞬間から、もう次の夏を考え始めるほどです。

それぞれの予算に合わせて、だれもが夏の最高のシナリオを考えます。ヴァカンス一か月前ともなると、学校でも職場でも、街角でのおしゃべりも、話題はそのこと一色になり、最後の最後まで、プランを研ぎ澄ませることに余念がありません。

サプライズ満載のゴージャスな夏もあれば、大自然の中での時間や空間のスケールを度外視したようなダイナミックな経験、また、初めて体験することばかりで「感性のジェットコースター」に乗るようなエキサイティングな休暇もあります。

パリジャン&パリジェンヌは、互いのヴァカンスを尊重し、最高の夏にすることにかけて、ソリダリテ〈solidarité〉（団結）を見せます。ポジティヴなパワーが街に満ちてくるのです。

ヴァカンス直前は、ソワレやイベントが目白押しで、前年九月からスタートした長い一年を、シャンパンで締めくくります。陽光まぶしい夕べ、ホテルの中庭や屋外スペースなどにジャズの生演奏が響き、からっとした空気の中で快適なソワレが催されます。無事に休暇に入ることを祝し、晴れやかに乾杯！　九月の再会を約束し、思い思いのヴァカンス地へと飛び立ちます。新しい水着とお気に入りのエスパドリーユ、海辺のドレス、それに読みたかった本を何冊も抱えて——。

時に神経戦にまでエスカレートするパリの緊張から離れ、大自然に飛び込んでリラックス！が、パリの住人たちの夏の定番。パリのルーティンをいったん解き、すべてをリセット。新鮮な空間へ「ポーン！」とワープする感じです。これがパリジャン＆パリジェンヌの考える理想のヴァカンス。そして行き先はどこであっても、太陽という輝ける存在が、夏の休暇の「大前提」なのです。

空と海が溶け合うような、鮮やかなブルーのグラデュエーション。地平線を追いかけながらぐんぐんスピードを上げて進む、広大な緑の平原の一本道。きらめく光線が小さな港を抱き込むようなノスタルジックな絶景。「奇跡のように美しい風景」に酔い、夏のエネルギーを「生命の中枢」に注ぎ込み、パリの日常を次第に忘れていきます。

多くの場合は、ひとつの場所に滞在し、パリとはまったく違う時間を紡いでいきます。期間は通常五週間。葉っぱの形も花の香りも違う、自然豊かな風景の中で、魂を癒し、新しい世界に身をまかせる時。五感に新しいエッセンスが触れ、あらゆる感性のチャンネルが切り替わっていきます。

土地のマルシェやブーロンジュリーに通い、地元の商店をつぶさに楽しみます。都会の装いを解き、伸びやかな風景に映える軽やかなファッションで、見つけたばかりのご機嫌なカフェやバーに通います。新しいメロディーに揺れながら、サルサを踊るのも一興です。ヴァカンスも終わりに近づくと、こうして過ごした夏の時間がもはや「日常」にさえ思えるほど体の隅々にまでエッセンスがいき渡っているのを感じます。そしてパリがちょっぴり恋しくなってきたら——このヴァカンスは成功です！

パリ十六区とのご縁ももうすぐ四半世紀（！）の私ですが、リフレッシュ術に優れ、人生を巧みにデザインするパリの人々からは、いまだに学ぶところがたくさんあります。

## そもそも「パリジェンヌ」とは？

ところで、パリに住んでいる女性たちが皆システマティックに「パリジェンヌ」というわけではなく、また「パリジェンヌ」が、パリ生まれの純粋なフランス人だけを指す言葉というわけでもないのです。西欧や東欧、ロシア系などの血筋であったり、アルジェリアなどからの移民であったり、もっと後天的にパリにやってきた人々であったりもします。「パリジェンヌ」には、生きるうえでの「フィロソフィー（哲学）」があり、装いや身のこなしの「スタイル」があります。ノンシャラン〈nonchalant〉でセクシーでありながら、洗練されていてシック。軽やかで気まぐれですが、リーダー気質もあり、恋愛至上主義を貫くためにはアクロバティックな努力も厭《いと》いません。ファッションは、〝鎧〟ではなく、ニュアンスをまとうもの。たとえばアーバン・ボヘミアン・スタイルならば、都会的でスマートな装いながら、自分らしい、ポエティックな情感を香らせるのです。「パリジェンヌ」とは、言ってみれば「文化」であって、ライフスタイルや価値観をも包括する言葉です。生活レベルはさまざまでも、自らの美意識を映した装い、暮らし、それにおもてなしといったものが、どれひとつ欠けることなく思い描くまま楽しめること。そうした生活を、こよなく愛する人たちなのです。

一方で、どんな幸福なパリジェンヌの人生にも試練は訪れます。それまでどんなに競い合っていても、またたとえ互いの人生の詳細を知らずとも、そこには感極まって流した幸せな涙もあれば、身を引き裂かれるようなつらい涙も織り込まれていることを、ある瞬間を境に無言で想い合えるのです。華やかなオーラを放つ女性ほど、驚くほどドラマティックな物語を秘めているのがパリジェンヌ。女性ならではの「想い」からシンパシーを抱き合い、大切なものを守り合い、生涯にわたる友情が生まれることもあるのです。

歴史を紐解くと、「パリジェンヌ」たちの姿が浮かび上がります。ナポレオン・ボナパルトの最初の妃だった、ジョゼフィーヌ・ド・ボアルネは、フランス領西インド諸島のマルティニーク島の貴族出身で、恋多き「パリジェンヌ」でした。美しい薔薇を愛し、ナポレオンと離婚後、パリ郊外のマルメゾン城に移り、二百五十種もの品種を誇る艶やかな薔薇園を創設。現在もマルメゾン城には、彼女のオーラが宿ります。また気品のある宝飾をたしなみ、ナポレオンの戴冠式で有名なヴァンドーム広場の宝飾店、ショーメに彼女が創らせた数々のティアラは、ヨーロッパ王室の礼装習慣である「帝政様式」の始まりとなったと伝えられています。

二度の離婚歴のあるアメリカ人女性、ウォリス・シンプソンは、王位を辞してまで彼女との愛を貫いたイギリスのエドワード八世（退位後はウインザー公爵）とフランスに逃れ、結ばれます。ウインザー公爵夫妻となった彼らは、パリ市から贈られたブーローニュの森のノーブルな館で洗練と美を極めたフランスらしい美的生活術を楽しみつつ、パリで生涯を閉じることになりました。

クチュール・メゾンのエレガントな服が似合うウインザー公爵夫人は、秀逸な美的趣向の持ち主で、ウインザー公がカルティエなどの高級宝飾店といわば〝共謀〟して贈る、時代を拓くような、個性的な宝飾が似合うマダムでした。

ヴェルサイユ宮殿様式の気品あふれるインテリアを好み、自らの美意識でととのえた魅惑的な館に、連夜、錚々たる客人を招き、華麗な社交を繰り広げたのです。そんなウインザー公爵夫人は、まぎれもなく「パリジェンヌ」。ウイットに富む会話やエレガントな振る舞い、すべてが洗練された女性だったのです。

いまのパリのパラスホテルのバーやサロン・ド・テで、優雅にカクテルタイムを楽しむ女性たちの姿は、現代の「パリジェンヌ」の多彩な活躍を感じさせます。富裕でノーブルな出身でも、パリの現代女性は、きちんとした仕事をすることを強く望みます。それも、社会にインパクトを与える本物の仕事を——。

## パリジェンヌたちの「セパニュイール」

ところでパリジェンヌが思い描く「成功した女性」とは、どんなイメージでしょう？フランス語にはそれを表す「セパニュイール〈s'épanouir〉（開花する）」という言葉があります。代名動詞で「花が咲く」「開花する」の意です。

生まれながらの才能や魅力、それに運や実力を加味し、未知の可能性に果敢に挑み、やがて訪れるチャンスをつかんで、ある瞬間に大きく花開く女性。

成功を評価するポイントは大きくふたつ。能力に裏打ちされたキャリアや社会的立場の確立。もうひとつは、パートナーや家族と築く、エモーショナルな心の幸福です。

厳しい季節に耐え、次第に固い蕾がほころび始め、やがて一気に開く大輪の花。その晴れ晴れとした快感や、伸びやかなさまを思わせる言葉「セパニュイール」は、パリジェンヌの心を晴れやかに彩る「響き」を湛えています。さらには、たとえ満開のときを過ぎても、その神々しいさまが、周囲を彩り続けるのです。

見事に開花した、現代のパリジェンヌの人生のスタイルはさまざまで、多様な物語があります。時を重ねて成熟を遂げ、社会に才能が認められて初めて手にすることができる大きな達成感。大変な時期があったからこそ、「花開く!」瞬間の喜び、華やぎ、そして大きな充足感が、女性たちの心をつかむのです。

## マダム　ジョルジナ・ブランドリーニ

日ごろ仕事やプライベートでお会いするパリジェンヌの中にも、「セパニュイール」という言葉がぴったりの女性がいらっしゃいます。たとえば、ジョルジナ・ブランドリーニ。ヴァレンティノ・ガラヴァーニ氏が現役のころ、クチュールのショー後のプライベート・パーティーやショーのバックステージに伺うと、いつも別格の存在感とエレガンスを放ち、さりげなく招待客の間をまわって、大切な絆を結ぶパリマダムです。

深い眼差しとノーブルなたたずまい、たとえその場に何人もの若く美しい女性たちがいようとも、だれもが思わず惹きつけられる彼女のエレガンス。毅然とした美しい物腰は、舞台がベル・エポック様式の伝説的レストラン「マキシム・ド・パリ」でも、ロダン美術館のデフィレでも、リッツ・パリでのソワレであっても同じ。着飾ったあまたのファッショナブルな女性たちがかすむほど、圧倒的な品格《アリュール》があります。

フランス人のプリンスの父と、ブラジル人の外交官であった母の間にリオデジャネイロで生まれ、パリ育ち。イタリア人伯爵で企業家の夫をもつ伯爵夫人です。家族との時間を愛し、子供たちが小さいころには「寝室で」家族みんなでリラックスしたり、テレビを見たりよくおしゃべりしたりするのよ、と話していたのが印象的でした。

もともとはヴァレンティノのプレス担当として、またミューズとして、二十二年ほど勤め、後に、バルマンのエグゼクティヴに転身、プレタポルテを六年間手掛けます。その後独立して、二〇〇五年から一時期、サンジェルマン地区のラスパイユ通りに、彼女のニットブティック「ジョルジナ・ブランドリーニ」を出店します。

ドレッシーからスポーティーまで、あらゆる装いを着こなす彼女ならではの洗練されたニットをデザイン。カシミアやシルクなどの高級素材に、ビーズ刺しゅうなどが施され、ジーンズに合わせても、さりげない高揚感を感じさせる絶妙のモダン・ラグジュアリー。十六区のパリジェンヌの間でも話題になりました。

彼女の名を近年さらに高名にしたのが、次女のビアンカ・ブランドリーニの存在。二〇〇五年にパリの社交界にデビューした一九八七年生まれのビアンカは、『ヴォーグ』などのファッション誌でモデルとして、伸びやかなラテン女性の艶やかさを表現し、さまざまなアーティスティックな活動をしています。ビアンカは、フィアットの名誉会長ジャンニ・アニェッリを大伯父にもつ又従兄妹《はとこ》、ラポ・エルカンと一時期婚約するも解消。彼女はマリア・テレジアの末裔にもあたり、アニェッリ家とも親戚関係にあり、家族は数々のヨーロッパ王室と姻戚関係にあります。

娘のビアンカを見守るジョルジナは、だれにとっても素晴らしい聞き手。彼女の前に出ると、思わず本心をすべて明かしてしまいそうになる、強いアリュールの持ち主です。ノーブルな女性こそ、才能を生かして仕事をするいまのパリ。彼女のように、キャリアと家庭の両方で成功する「パリジェンヌ」も増えています。

## ニュース・キャスター、クレール・シャザル

クレールは、フランスの二大テレビ局、TF1の定時のニュース番組を、一九九一年から二〇一五年まで、実に二十四年間担当した大人気キャスターです。

一九五六年生まれの彼女は、グラン・ゼコールのHECを卒業後、一九八八年に、当時国営放送だったアンテンヌ2でジャーナリストとしてのキャリアをスタートします。

そのキャリアは今年で約三十年。落ち着いた声と小気味のいい進行、スマートな所作、

さらには年を重ねるほどに洗練されエレガンスの香りをまとうようになった彼女を、パリの住人たちが男女を問わず支持したのでした。週末ニュースの担当ということもあって、ファッション・アイテムは、彼女のロマンティックな美しさを引き立てるモダンでシンプル、かつ絶妙な色彩のニットが多く選ばれていました。

彼女を初めて見たのは、おそらく八〇年代、私が休暇でパリに遊びに来た際、彼女が当時の国営放送アンテンヌ2の経済リポーターを務めていたころだったと思います。ショートヘアの彼女は、詳細でわかりやすいリポートをする優秀な記者といった印象。安定した報道と、はつらつとした姿が、記憶に残っていました。

留学でパリに来てからの九〇年代後半、別のキー局、TF1で週末の昼と夜のニュースを担当する彼女と〝再会〟しました。MCを務めるようになった彼女が、洗練を身につけ、大人の女性に変貌を遂げていることに刺激を受けました。ジャーナリストとして、世界で起きる事象を冷静かつ明確に伝える優れた技法、正義感とバランス感覚を感じさせる正統的な報道の手腕は見事です。

二〇〇〇年にTF1の役員であったグザビエ・クチュールと結婚した際は、政界やショー・ビジネス界、プレス界を巻き込んで、パリ中が一大イベントになるも、三年後にはあっさり離婚。その後、クレールは、俳優やモデルと同棲するもすでに別れていて、いまはとくに伝えられている話はありません。

注目すべきは、パリジャン&パリジェンヌが、クレールの魅力に一層惹きつけられるようになったのは、彼女が四十代半ばを過ぎてからだということ。年を重ねるほどに、ぐんぐん魅力的になるクレールの女性としての美しさとたくましさから目が離せないのです。実はこの間の九〇年代半ばに、彼女は密かに男子を出産しています。それは、同じテレビ局のメインニュース番組でＭＣを務める伝説的ジャーナリスト、パトリック・ポワヴル・ダルヴォルとの間の子であったことが、後に彼自身によって明かされました。つい先ごろ、人生の断片を描いた自伝的著作を出版したクレール。輝ける彼女のイメージに反して、そこにはロシア文学のヒロインの運命のような、孤独な苦悩が綴られています。愛や人生の経験が織り込まれてこそ香り立つ、クレールならではのエレガンスに、パリジェンヌらしい生きざまのひとつの完成形を、私たちは見ているのでしょう。

ジャーナリストとして抜群の資質に恵まれ、巧みな「政治手腕」もあわせ持ち、ひとつのポストに二十四年連続してキャリアを重ねることができた彼女は、間違いなく「セパニュイール」な女性。追随する若いＭＣが幾度となく登場してきても、ものともせず、冷静に報道を続けるクレールの大人のジャーナリズムに、「プロフェッショナル」としての圧倒的な存在感を感じるのです。

## マダム マリー＝フランス・コーエン

世界のセレブリティーを魅了する、パリの高級子供服の老舗「ボンポワン」の創業者であるマリー＝フランス・コーエン。「ボンポワン」の売却後、世界的に大きな話題を集めた新しいコンセプトのチャリティーショップ「メルシー（＊1）」を創業しました。ボンポワン売却前の二〇〇三年、夫妻はパリ左岸に、素晴らしい邸宅を購入しています。

現在、彼女はセーヌ左岸に住むシックなマダム。少し前にも久しぶりにお宅に伺い、おしゃれな生活術の宝庫、彼女の美しいキッチンで、お気に入りのネスプレッソのカフェと、メゾン・デュ・ショコラのマカロンをいただきながら、しばしおしゃべりしてきました。

マリー＝フランスの優れた美的センスに初めて触れたのは、遠い昔のパリ。ボンポワン・ブティックのファンタジックなショーウインドーと、スモックドレスを通してでした。

彼女のキャリアは、一九七五年に夫のベルナールと、高級子供服ブランド「ボンポワン」を創設するところから始まります。自身の三人の息子たちに着せたい子供服がなかったのが設立の動機とか。以来、二〇〇七年の売却まで、マリー＝フランスの色彩感覚とロマンあふれるパリらしい美意識は、ボンポワンのドレスを通じて世界中の子供たちのハートに、幸せとパリのエレガンスの蕾を授けました。

後継者不在などを理由に同社の売却後、手にした膨大な時間と経済力をもって、いかにして幸せな人生の続きを送るかを考えた夫妻。出した答えは、パリの北マレに、新しいスタイルのチャリティーストア「メルシー」をオープンすることでした。そこでの収益はすべて、ボンポワン時代に刺しゅうを依頼していたマダガスカルの女性や子供たちの教育・自立支援に充てるというもの。世界的に支持されて大成功しますが、オープン後一年半で、最愛の夫ベルナールが天に召され、マリー＝フランスは衝撃を受けます。そして成功を続けるメルシーも、二〇一三年秋には、知人に売却してしまいます。

二〇一六年、マリー＝フランスは、パリ左岸のモンテピケ大通りに義理の娘と「ミス・マープル（＊2）」というサロン・ド・テをオープン。続く二〇一七年秋には、新しいデコラシオン関連のサイト「デモデ（流行遅れの意）」〈démodé.fr〉を立ち上げ、再びパリのライフスタイルシーンに新風を吹き込んでいます。二〇一八年春には、このサイトのウインドーディスプレイ的なブティック（＊3）を、左岸のグルネル通りにオープン。自らの美意識でセレクトした、快適で安らぐメゾンを創るアイテムが話題を呼んでいます。

さて、パリ左岸の家には、彼女の美意識が感じられる、美しいオブジェが飾られています。フォンテーヌブロー近郊の別荘に行くたびに持ち帰る花のブーケ、孫や友人たちからのカード、世代を超えて使い続ける趣のあるアンティーク家具、ロマンを醸し出すシャンデリア。そして料理が大好きな彼女が腕を振るう、モダンなキッチンがこの家の中心です。

家族や友人の到着を待ちながら、季節が映し出される中庭を眺めつつ料理をするとき、心から幸福を実感すると彼女は言います。これが彼女の「リュクス」です。

数々の世界的な成功を収めつつ、また新たなチャレンジを続け、一方で何げない日常の幸福を愛でることができるマリー＝フランスも、とりもなおさず「セパニュイールな」パリジェンヌです。

## フレッシュに生きるコツ

私がパリでインタヴューをするとき、必ず問いかける質問があります。それは、「あなたにとって、リュクスとは？」というもの。

フランス語で「リュクス〈luxe〉」とは、「贅沢」の意ですが、ここではむしろ「プレシャスで最上の至福感をもたらせてくれるもの」を指します。暗闇の中にあっての光のような、「あなたの生命の根源にきらめきを授けてくれるものは何ですか？」と尋ねているのです。リュクスの語源は「ルミエール〈lumière〉（光）」ですから、ニュアンスを感じていただけるのではないでしょうか。

お答えは決まって主観的なもので、生涯にわたって貫かれるような事柄もあれば、周囲の環境や状況によって瞬く間に変わりゆくものである場合もあります。また、他者が手にしたことで、自らのリュクスの関心が移りゆくようなパラドックスもあります。たとえば「家族そろっての穏やかな食事時間」もあれば、「愛車のフェラーリ二十台を、庭に展示して見せること」といったものも。いずれも、その人らしさを如実に映し出しています。

暮らしの中に、美的生活術（アール・ド・ヴィーヴル）を、手間や時間をかけて取り入れ、人生を紡いでいるパリ十六区の人々。あらゆる場面で、彼ら・彼女らは自らの「リュクス」を見出しながら、人生に向き合って生きています。そこには、自分の生命の中枢が輝く瞬間をデザインしながら、とにかく人生を思いきり楽しもうという旺盛なまでの生きる意欲があふれています。それは、とても大きな明日へのエネルギーを生み、貴重な「リフレッシュ」となることを身をもって知っているからです。これが、ひとことで言えばパリ十六区の人々のフレッシュに生きるコツ。五感で自らが感じることを、決してなおざりにせず、快適に心地よく、また美しく生きるための努力を片時も忘れないのです。

さぁ、あなたにとってリュクスとは？　あなたの生命の根源をきらめかせてくれるようなリュクスのある美しい暮らし、今日から始めてみませんか！

（＊1）メルシー〈Merci〉111 Boulevard Beaumarchais 75003 Paris
（＊2）ミス・マープル〈Miss Marple〉16 Avenue de la Motte-Picquet 75007 Paris
（＊3）デモデ〈Démodé〉70 rue de Grenelle 75007 Paris

# あとがき

初めて抱いた「パリのイメージ」は、幼少期、両親に見せられたスタイリッシュなパリの写真集から。それはのちに、パリに赴任中の父から続々届く、絵葉書とその文面で〝上書き〟され、色付き、ふくらんでいきました。そして子供時代に初めて実際に訪れ、アンニュイで夢見心地な、パリの空気にすっぽり包まれたときから、私という存在の中枢に、もしかしたら「パリ」の真髄みたいなものが、ちょっぴり授けられたのかもしれません。

小学校時代、六年間同じクラスだった幼馴染の男の子が、ある朝、真剣な表情で言いました。

「今朝、『パパのいるパリ』の暴動が、NHKのニュースに出てたぞ！　大丈夫なの？」

当時、中東のオイルマネー問題やパリの学生運動の余波などで、連日、パリの街のやや穏当を欠く映像がニュースで報じられていたのです。

「ええ？　大丈夫よ！　うちのパパは、絶対、大丈夫なんだから！」

単身赴任中の父のことを猛烈に案じましたが、よほどのことがない限り、国際電話など気安くかけられない時代のこと。その日家に帰ってから、あわてて母に尋ねてみると――

「パパは、大丈夫。『十六区住まい』だから。みなさんに大切に護られているしね！」

まったく根拠のない、超・楽観的な母らしい答え。私はますます気になって、父がパリで無事で健やかでいてほしいと、毎晩ベッドの中で密かにお祈りをしていたものです。

当時から十六区は、パリの中でも治安のいいコンサバなエリアとされ、映画さながらにシックなマダムたちが、格調あるアパルトマンを「彩りのある人生の舞台」に仕立て、パリの風景や生活のシーンに映える、どこかドラマティックな装いをして暮らしていました。

母の言う「みなさん」とは、父の住まいのあった十六区で暮らすシニアマダムたちのこと。「日の出ずる国」からやって来た、当時は若くシャイな学者だった父を、なにかと気にかけ、もてなしてくださっていたのです。シックなマダムたちの洒脱なアール・ド・ヴィーヴルは、父のパリ生活の貴重な彩りだったはず。

パリは、世界のどの都市よりも、あらゆる意味で過去の経験や歴史を、現代に色濃く引き継いでいる街です。時代による変化はもちろんあるのですが、過去からの連続線上に現代があって、同じ時間軸を、懸命に進化しながら進んでいる印象があります。クラッシュ&ビルドではなく、連続的に進化を続ける気質と緊張感は、パリの街にミルフィーユのように積み重なって、ずっと変わらずあるように思います。

現代の十六区では、おそらく現役世代の九割以上の女性たちが、仕事を持っています。ですから女性たちに有り余る時間はありません。家族のこと、仕事のこと、メゾンのこと、それにボランティア……賢く時間をオーガナイズしなければ、とてもこなせません。

当然、カップルのあり方、家族の時間、アパルトマンの仕立て方や女性の装い方も、以前とは変わってきています。ただその心においては、何も変わりがないように感じます。

それは、「人生を最大限に楽しもう」という、瑞々しいまでに旺盛な生きる意欲です。

今回、パリ十六区の十二か月の暮らしを綴りながら、思いを強くしたことがあります。

それは、「どうしてこの街は、こんなにも世界中の人々の心を掴むのだろう?」ということ。なぜ人々は、この街にやってくると、懐かしいような安堵を感じ、魅了されるのかしら――と。


パリは、長い年月で研ぎ澄まされた、世界に冠たる美意識の街。美や夢を追い求めて世界中からやってきた類稀なる才能の持ち主や、世界のセレブリティたちとともに、パリの住人たちが磨き抜いてきた、圧倒的に美のコンシャスの高い街です。

そして「本物の中の本物」を生み出そうと、パリの住人や、パリを目指してやってきた人々が、プライドをかけて激しく競い合った、その熱い時間の蓄積とドラマが、この街には「場の記憶」として色濃く宿っているのです。

だからこそパリには、熱い人の情があり、だれもが持つ普遍的な価値観が息づいています。本物の心遣い、本物の優しさ、本物の友情や本物の愛情。パリを舞台に繰り広げられた壮大な物語、たくさんのレッスンを経験しながら、この街が会得した「人生の法則」が、脈々と刻まれているのです。

またパリには、人々を惹きつける魅惑的なモノやコトがあふれているけれど、一方で、どうしても引き受けなければならない「何か」があることも、住人たちはわかっています。西ヨーロッパの中でも緯度が高く、温暖な気候とはいえないパリで、かくも豊かな生活術を繰り広げる女性たちが住まう街。「花開く」（セパニュイール〈s'épanouir〉）という言葉で表わされるように、人生を彩り豊かに紡ぎながら、年を重ねるごとにますます輝きを増す魅惑的なパリジェンヌたち。

そんな〝花々〟がこぞって放つ、弾けんばかりの生命力と、芳しい香りがひしめき合うパリ。この街には、女性たちの情熱的な冒険を受け止める大きな懐があるのも、事実なように思います。「人生は美しいなぁ」と、思わず言葉がこぼれるほどに、活き活きと躍動し、ボルテージを上げていくパリの女性たち。その明るい息吹は魅力的です。

本書を通じて、そんな生きるエッセンスを見つけてくださったら、こんなにうれしいことはありません。

最後に、ＳＢクリエイティブの土橋康成社長、学芸書籍編集部の吉尾太一編集長には大変お世話になりました。心から御礼を申し上げます。何より豊かな示唆をくださり、本にまとめてくださった、ＳＢクリエイティブの八木麻里さんに、心からの感謝を捧げます。

二〇一八年　九月　パリにて　　　家名田　馨子

家名田馨子　やなだ・きょうこ

コンサルタント・エッセイスト

東京都港区生まれ。慶應義塾大学文学部卒業。日本IBM初の女性広報担当を務めたのち、パリ政治学院（Sciences Po）へ留学、ヨーロッパ統合政治を専攻。同院におけるコミテ・コルベール主宰のゼミナール〈Le Management des Entreprises du Luxe：ラグジュアリー企業の経営学〉にて、当時コミテ・コルベール事務総長でパリ政治学院ゼミナール担当教授のクリスチャン・ブランキャール氏（元エルメス・セリエ社長）に師事、フランス・ブランド経営学を学ぶ。パリと東京を拠点に、ラグジュアリー・ブランド企業（宝飾・ファッション・インテリア・テーブルアート・ホテルほか）および、プライベート・バンクの顧客プログラム等で、コンサルタントを務める。一方、ダイナースクラブの会員誌『SIGNATURE』でのリュクスにまつわるエッセイ「パリ発 美意識の風景」の執筆を皮切りに、宝飾やファッション、美術、建築、インテリアなどの分野で、主にパリならではの美意識を読み解くエッセイ、コラムやルポルタージュを執筆。なかでも『月刊美術』誌では、7年間にわたりパリのアートシーンについて美術評論を連載、現在は特集などで執筆している。関連した活動として、婦人画報のクリスマスのトーク・ショーをはじめとするサロン・トークや、慶應義塾大学の大学院アートマネージメント講座並びに、慶應義塾大学湘南藤沢キャンパスの「パブリック・リレーションズ」講座にて、ゲストスピーカーとしての講演も行っている。

イラスト　永宮陽子
写真　家名田馨子
ブックデザイン　森　裕昌
編集担当　八木麻里

# パリ16区《く》 美《うつく》しく生《い》きる人《ひと》の12か月《げつ》

2018年10月31日　初版第1刷発行

著　者　家名田馨子
発行者　小川 淳
発行所　SBクリエイティブ株式会社
〒106-0032 東京都港区六本木2-4-5
電話 03-5549-1201（営業部）
印刷・製本　萩原印刷株式会社


ISBN978-4-7973-8472-7